U0922822

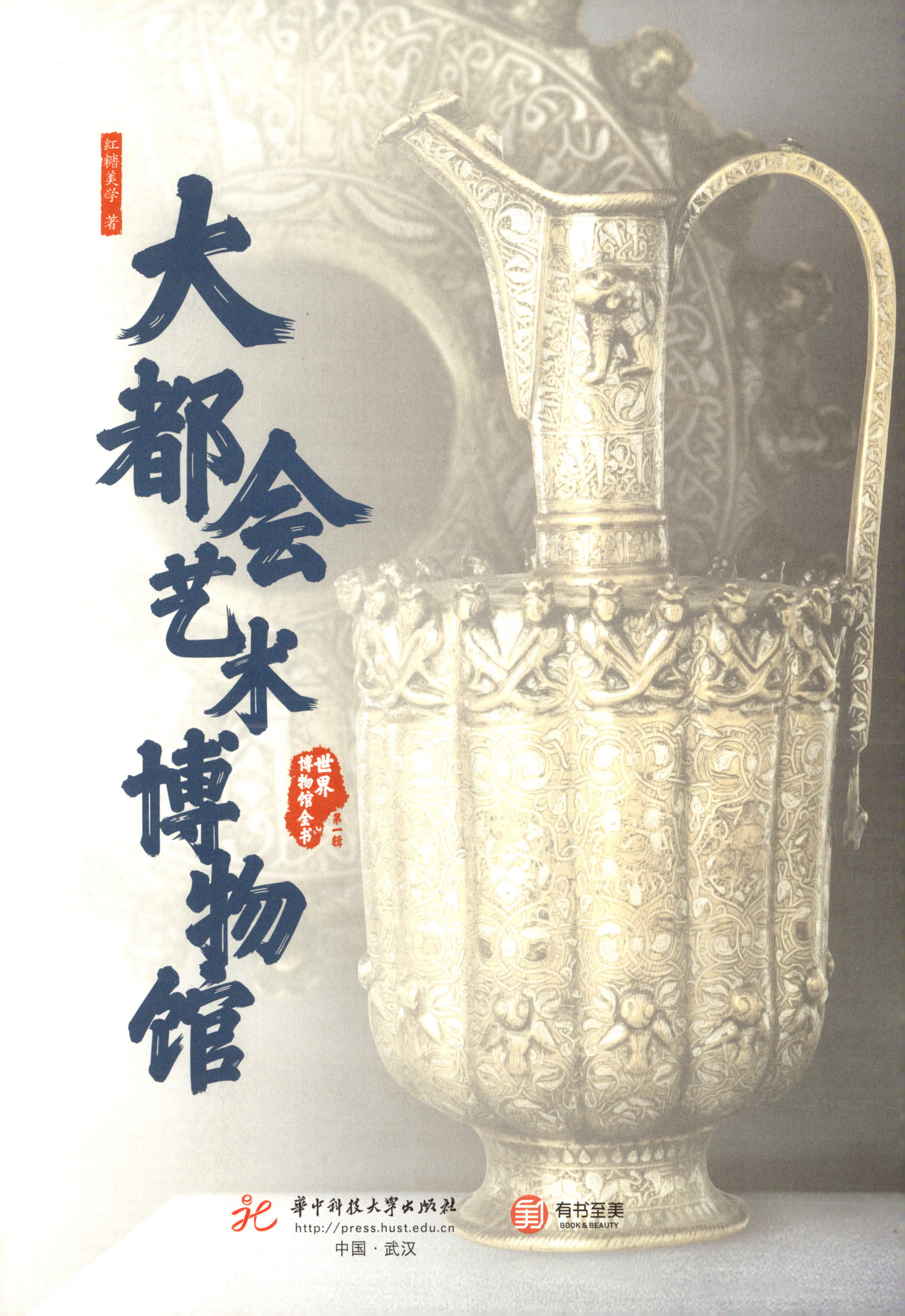

红糖美学 著

大都会艺术博物馆

世界博物馆全书 第一辑

華中科技大學出版社
http://press.hust.edu.cn
中国 · 武汉

前言 Preface

世界博物馆全书系列，是我们对艺术与历史的深刻致敬。我们邀请您开启一段跨越时空的探索之旅，一起深入了解和欣赏世界级博物馆的珍藏。这一系列的创作源自我们对人类智慧和美学的敬畏：我们希望通过呈现各地博物馆中的文物精品，启发读者探索不同文明的交融与发展。博物馆，作为历史的见证，不仅守护着人类过去的辉煌，更是启迪未来的灯塔。

每一座博物馆都是一个独立且丰富的“文化宇宙”。它们不只是静默的艺术品和历史进程的展示空间，更是人类在历史长河中不断探索、理解和创造文明的见证。这些知识的殿堂，作为文化传承与对话的桥梁，使我们得以与远古的智者沟通，感受历史的脉动。

大都会艺术博物馆，以其庞大的藏品规模、多样的艺术类型和历史跨度长而著称，它不仅是美国艺术和文化的象征，更是全球艺术交流的重要平台。我们选择深入探索大都会艺术博物馆，目的在于揭示其作为全球艺术收藏中心的独特价值和文化意义。大都会艺术博物馆的每一件藏品都是人类历史和文化的见证，从古埃及的法老遗宝到欧洲文艺复兴的杰作，从亚洲的古典艺术到现代和当代的创新作品，每一件都反映了人类不同文化和时代的艺术追求。

在本册中，我们将重点介绍大都会艺术博物馆的标志性藏品，如丹铎神庙、大马士革房间等，同时深入分析这些艺术品的创作背景、艺术价值和历史意义。我们的目标是通过对这些珍贵藏品的细致解读，让读者在领略到艺术的外在之美的同时，也能够深入理解它们在人类艺术史和文化发展中的重要地位。

《大都会艺术博物馆》分册不仅是一本引导您欣赏艺术的指南，更是一个让您深入思考人类文化和历史发展的平台。我们希望通过这一册的阅读，您不仅能够发现艺术瑰宝的美，更能够理解每一件展品背后蕴含的深刻意义，感受人类共同的文化遗产。让我们一同踏上这场艺术与历史的探索之旅，走进大都会艺术博物馆，体验人类创造力的非凡成就。

目录 Contents

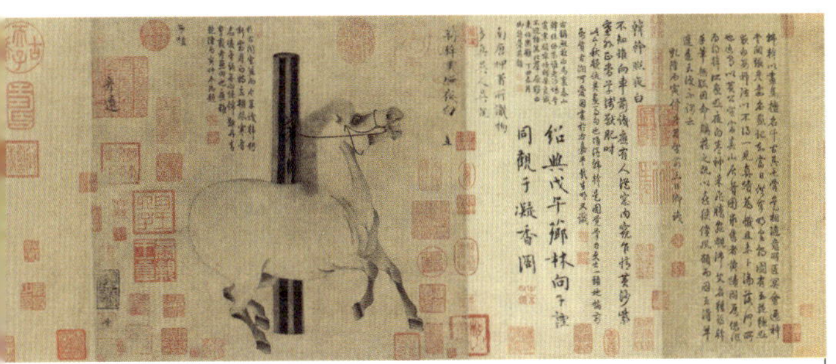

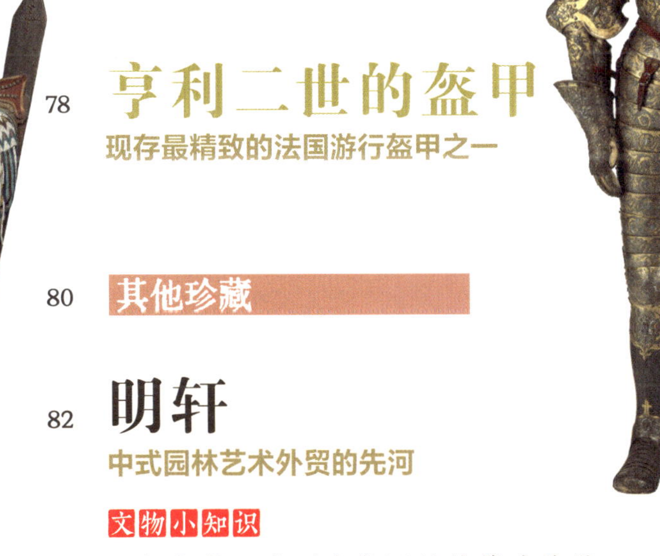

THE MET
THE BEST HOT DOGS IN NEW YORK
NEW YORK

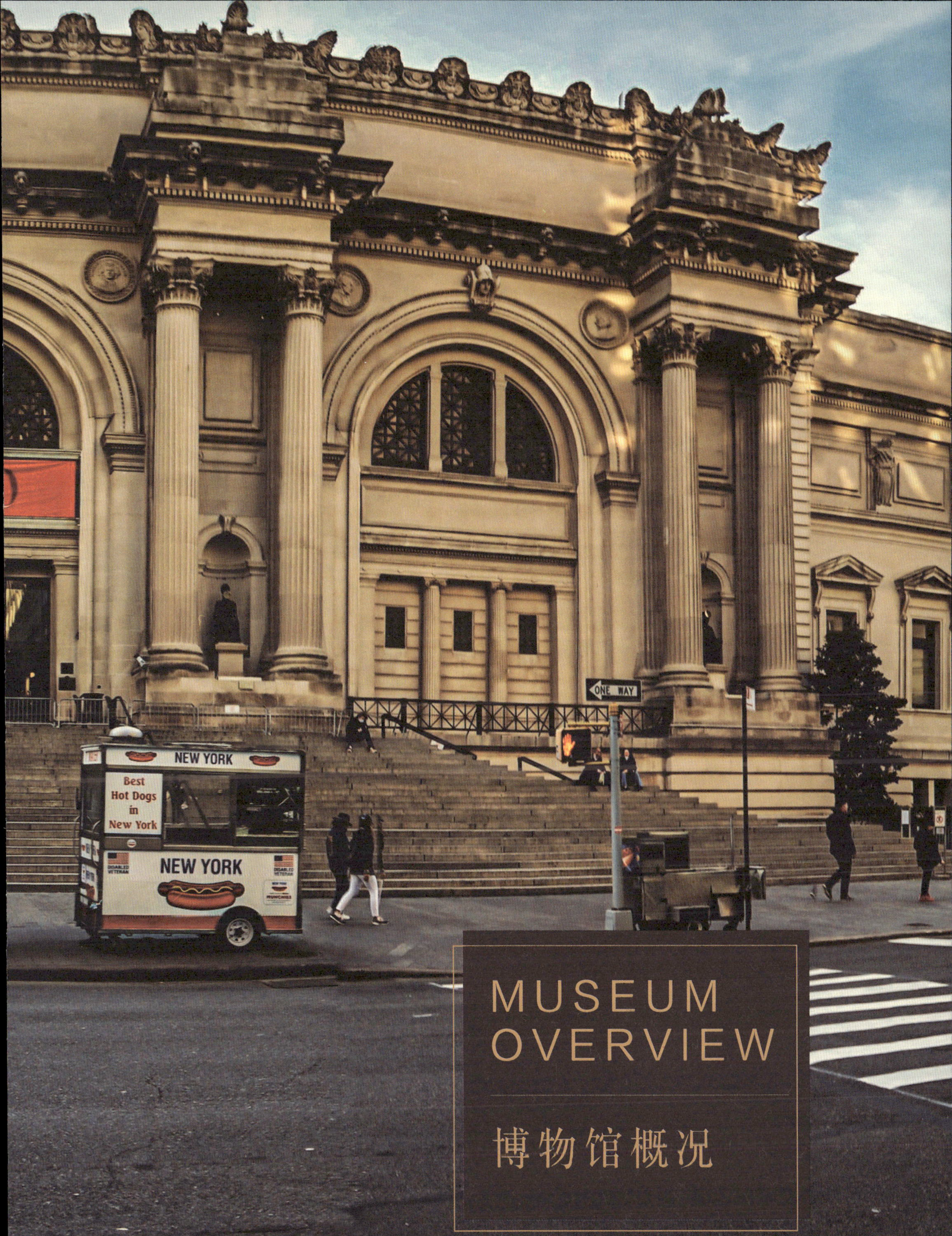

MUSEUM OVERVIEW

博物馆概况

大都会艺术博物馆坐落于纽约市，以其宏伟的规模、丰富多样的藏品而闻名，是世界顶尖的艺术殿堂之一。馆藏汇聚了跨越五千年历史的艺术珍品，不仅是艺术品收藏的宝库，也是研究、教育和欣赏艺术的重要场所。

位置与规模

大都会艺术博物馆，坐落于美国纽约第五大道的82号大街，占地面积达13万平方米，是美国乃至世界上著名的艺术博物馆之一，以丰富的藏品和广泛的文化影响力，与中国北京的故宫博物院、英国伦敦的大英博物馆、法国巴黎的卢浮宫博物馆以及俄罗斯圣彼得堡的艾尔米塔什博物馆齐名，共同被誉为“世界五大博物馆”。

这一标志性建筑群，占据着纽约第五大道80街至84街的宽阔地带，自身便已经是一件艺术品。博物馆最初由美国建筑师卡尔弗特·沃克斯与合作者设计为新哥特式风格，后经过多次扩建和改造，形成了今天的规模。

大都会艺术博物馆的建筑庞大而壮观，内部陈列室数量众多，常年展出数以万计的艺术品，其展览空间分布在三层楼中，设有18个陈列室和展室，包括服装、古希腊罗马艺术、欧洲雕塑及装饰艺术、美国艺术、中世纪艺术、远东艺术、19世纪欧洲绘画和雕塑、欧洲绘画、乐器和临时展览等。专门展示从古至今、遍及全球且涵盖了多个艺术领域的各种艺术品，展现着人类文化的多样性和丰富性，吸引着世界各地的游客和学者前来参观和研究。

发展历程

大都会艺术博物馆自成立以来，经历了150多年的发展，成为世界上最大、最重要的艺术博物馆之一。它的发展历程见证了规模的扩大、藏品的增加和多元文化的融合，成为全球艺术教育和研究的重要中心。

早期历史

大都会艺术博物馆于1870年在纽约建立，诞生于美国的“镀金时代”。在当时经济繁荣和文化变革的背景之下，纽约著名律师约翰·杰伊等人提出要建立一个“国家艺术展出机构”，旨在通过展示艺术和教育成果促进文化交流，增强社会凝聚力。同年，纽约州立法机关颁布了《大都会艺术博物馆公司法》，并于1893年补充法案，要求它的藏品应“全年免费向公众开放”，由此奠定了该博物馆的公益属性，吸引了众多慈善家慷慨捐赠。

中期发展

1872年，大都会艺术博物馆正式开放，最初馆藏以约翰·泰勒·约翰斯顿的个人收藏为基础，后在短短的150年间，迅速发展成为全美最大、最具影响力的博物馆。1873年，随着馆藏数量的增加，大都会艺术博物馆从第五大道迁入位于西14街128号的尼古拉斯·克鲁格夫人宅邸，并将此作为临时场馆，直到1880年才搬入竣工的新址，也就是今天的大楼所在地。

现代化的时代

截至2006年，博物馆的建筑物总占地已有18万平方米，比1880年扩大了近20倍。2007年，博物馆完成了希腊罗马艺术馆等多个展区的重大改造，2000年以后，博物馆不断扩充现代艺术品的收藏，2011年及2012年，开设了展出中东、中亚与南亚艺术的新画廊，同时开放改造后的新美国翼画廊。2022年，宣布将增建新的现当代艺术区，该艺术区拥有约 7432 平方米的展厅和公共空间，展现了其不断发展和适应时代变化的生机和活力。

大都会艺术博物馆以其庞大的藏品规模著称，拥有超过490万件来自全球各地的艺术珍品，跨越古今多个历史时期，建筑、雕塑、绘画等多种形式，展现了人类文明和创造力的丰富多样性。

欧洲绘画部

欧洲绘画部藏品丰富，包含了13世纪至20世纪初的2600余件杰作，其中有卡拉瓦乔、克里姆特等大师的作品，此外也拥有早期意大利、北方艺术、17世纪荷兰绘画，包括哈尔斯、伦勃朗、维米尔、德加、马奈、莫奈、高更以及凡·高等人的作品，反映了欧洲艺术史的深度与广度。自1871年成立以来，欧洲绘画部通过捐赠、遗赠和购买等形式不断丰富其馆藏，如今已成为研究和欣赏欧洲绘画艺术的重要场所。

欧洲雕塑和装饰艺术部

欧洲雕塑和装饰艺术部收藏丰富，拥有约5万件作品，覆盖了15世纪至20世纪早期西欧国家的各类艺术形式。包括各种尺寸和材质的雕塑、陶瓷玻璃作品、金属制品与珠宝、钟表数学仪器以及挂毯和纺织品等。此外，还有亚洲制造的陶瓷和拉丁美洲的雕塑装饰品，展示着跨地域的艺术交流和影响。

中世纪艺术及修道院部

中世纪艺术及修道院部收藏了世界上最全面的中世纪和拜占庭艺术品，其中包括壁画、彩色玻璃、泥金写本、象牙制品等与宗教相关艺术品，以及《独角兽挂毯》等著名藏品。这些收藏品的历史年代覆盖了从4世纪罗马衰落到16世纪文艺复兴初期的漫长历史，展现了地中海地区和欧洲的艺术发展历程。

亚洲艺术部

亚洲艺术部藏品丰富，涵盖了亚洲几大文化传承，包含超过3.5万件来自东亚、南亚、东南亚地区的艺术作品，时间跨度从公元前3000年到21世纪。馆内更有一座仿造中国苏州的园林建造，存放中国明代家具的庭院。这些藏品不仅彰显了亚洲文明的艺术成就，也为欣赏和了解亚洲丰富多元的文化和历史提供了宝贵资源。

美国之翼

美国之翼成立于1924年，专门展示18世纪至20世纪初美国本土艺术，藏品约2万件。1980年扩展后，展馆增设了绘画画廊、雕塑厅和天窗庭院，丰富了展览内容。该馆藏反映了美国历史和文化的发展，包括绘画、雕塑、装饰艺术及建筑，重点展示有《华盛顿横渡特拉华河》等作品。同时展馆也通过包括家具、纺织品、金属制品等在内的其他藏品，讲述了美国艺术和设计的发展史。

除以上部门，大都会艺术博物馆还有专门收藏埃及艺术、大洋洲艺术、非洲艺术、伊斯兰艺术、现当代艺术等的多个部门，共计19个。藏品的时代跨越了从旧石器时代至21世纪的广阔时期，艺术种类包括了从古代楔形文字、泥版、印章，到现当代艺术的绘画、雕塑、手稿、纺织品、珠宝、乐器和摄影作品等。这些藏品不仅反映了不同文化和历史时期的艺术成就，也展示了大都会艺术博物馆在全球艺术收藏和展示领域的重要地位。

JACQUES
LOUIS DAVID
RADICAL
DRAFTSMAN
David H. Koch Plaza

展览设置

大都会艺术博物馆，拥有24万平方米的展示面积和三层展览大厅，除主馆外还包括两个分馆：修道院博物馆和大都会布鲁尔分馆。通过常设展览和特展，陈列展示着多样化的藏品，旨在展现人类文化发展的广度和深度。

◆主要展馆

大都会艺术博物馆的展馆主要分布在1层至3层，部分展馆设在夹层之间，展馆之间有通道与电梯相连，每个展馆内分布有多个展厅，按照艺术品的时代、地域分门别类地进行展出。

① 埃及艺术展区：该展区拥有除开罗以外最丰富的古埃及藏品，跨越旧石器时代至罗马埃及时期。这些藏品依时序展出，涵盖艺术品、历史文物及日常用品，深刻反映了古埃及的美学价值观、历史、宗教信仰和人民日常生活状态。重要展品包括约4500年前的整座棚内布古墓和由埃及政府赠送的丹铎神庙。

② 欧洲雕塑及装饰艺术展区：展区收藏的作品涉及多种材质，包括大理石、金属制品、珠宝等，展示了西欧多种艺术形式及其发展。重点收藏包括罗丹和德加的雕塑作品，意大利、法国的大理石雕塑，以及不同时期的装饰艺术和家具，为访客提供了一个全面了解从文艺复兴至新艺术运动风格演变的机会。

③ 武器与盔甲展区：展区收藏有超过1.4万件自公元前4世纪至19世纪的文物，覆盖欧洲、美洲、中亚和远东、大洋洲等地区。重点展品包括中世纪晚期至文艺复兴时期欧洲的精美盔甲、日本的藏品等。此外，还展有伊朗、土耳其等地的非欧洲国家的武器与盔甲，展现了全球不同文化中的军事传统。

④ 近现代艺术展区：该展区专注于展示1890年至今的艺术，强调全球文化、社会对近现代艺术的影响。自2012年起，部门扩展并增加其收藏的多样性，特别是增加了来自不同地域的艺术家的作品。展区的藏品涵盖绘画、雕塑、纸上作品、设计等，展区通过特展、艺术家委托和国际合作等多种方式，展示丰富多样的现代和当代艺术。

⑤ 希腊与罗马艺术展区：展区收藏超过3万件作品，时间跨度从新石器时代至公元312年，是北美最全面的古典艺术收藏之一。展品覆盖了希腊、意大利及其殖民地，包括彩绘花瓶、雕刻宝石、大型雕像等艺术品类，艺术品包含了多种材料如大理石、青铜和玻璃等。此外还展示了史前希腊、伊特鲁里亚的前罗马艺术，以及罗马帝国扩张期的艺术品，其中包括著名的维苏威火山别墅壁画，以及世界顶级的玻璃和银器收藏。

◆ 展览策划

自20世纪50年代起，大都会艺术博物馆开始采用更广泛多元的推广方式，尤其是自1954年格蕾丝·雷尼·罗格斯音乐厅落成后，举办系列音乐会和艺术讲座，已发展成为博物馆每季的常规活动。

20世纪末至21世纪初，博物馆更是积极尝试新的艺术收藏类型和展览形式，如策划大量的摄影展和蔡国强的个展，将关注点从美国中心转向全球各地的当代艺术，深入探讨现代社会和自然环境的关系。

近年来，博物馆还特别强调时尚展览，如“亚历山大·麦昆：野性之美”和“在美国：时尚词典”等，展现了对新时代风潮的积极适应和引导。这一系列策展活动不仅丰富了公众的文化体验，也彰显了大都会艺术博物馆作为世界顶级艺术机构的前瞻性和创新精神。

博物馆展览分布图

2层
1 华盛顿横渡特拉华河
2 大马士革厅
3 十四岁的小舞者
4 彩绘陶舞俑
5 麦田里的丝柏树
6 行星与大陆的寓言
7 水壶
8 明轩
1层
9 丹铎神庙
10 河马威廉
11 西特哈索尔羽内特公主的胸饰
12 库洛斯像
13 为纪念热气球发明而拟建的纪念碑模型
14 乌戈利诺和他的儿子们
15 罗斯柴尔德灯
16 亨利二世的盔甲
封存未展
17 照夜白图
18 萨达的盛宴
19 摇篮板
20 宫廷服
其他
21 独角兽挂毯——大都会修道院藏
近代艺术
19世纪欧洲绘画、雕塑
中东、中亚与南亚艺术
塞浦路斯艺术
欧洲绘画
美国艺术
（伊朗、伊斯兰艺术）东方艺术
日本艺术
东南亚艺术
中国艺术
2层
近代艺术
非洲、大洋洲、
南北美洲艺术
欧洲雕塑、装饰艺术
古希腊与罗马艺术
意大利青铜雕塑
欧洲雕塑、装饰艺术
武器盔甲
埃及艺术
1层

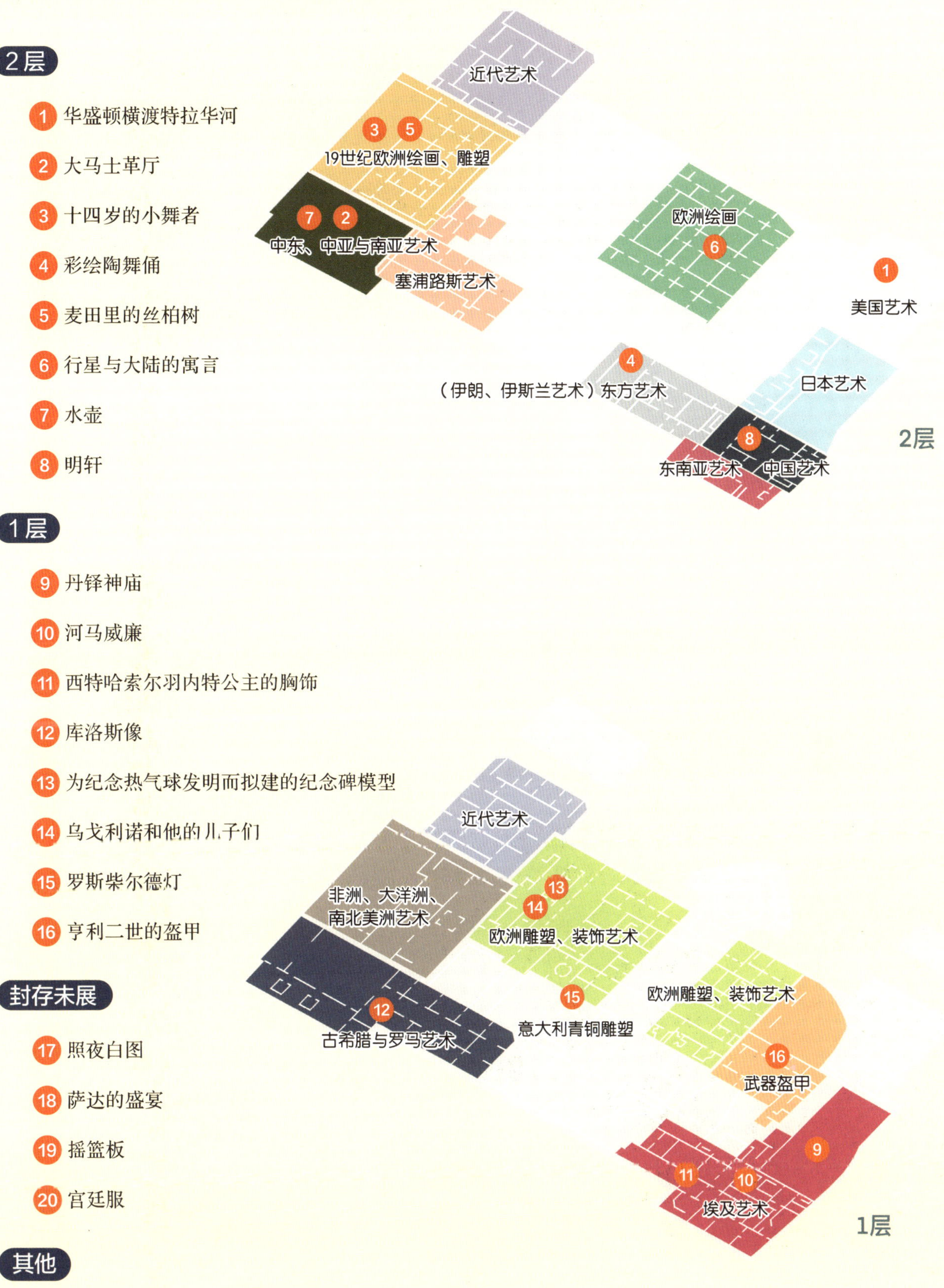

MUSEUM'S
TREASURE
镇馆之宝

丹铎神庙

唯一一座埃及境外的古埃及神庙

大门和寺庙入口上方，是雕刻成圆形的图案，象征太阳，而在太阳两侧的羽翼，其实是天神荷鲁斯的翅膀，荷鲁斯正是该神庙主要供奉的神明，女神伊西斯的儿子。

创作年代： 公元前 15 年 — 公元前 10 年

类型： 建筑

尺寸： 全长约 12.5 米；宽约 8 米；最高点的高度约为 6.4 米

来源地： 埃及努比亚地区

丹铎神庙是为了纪念埃及女神伊西斯和两位当地的尼罗河神而建造的。埃及政府在1960年将它赠予美国，作为保存世界文化遗产努力的见证，并以此感谢美国在保护努比亚历史遗迹中作出的贡献。

丹铎神庙的石壁上刻画着大量精美的浮雕与文字，内容丰富，包含了多个神祇与动物、人物场景，充满瑰丽的艺术想象，展现了古埃及神秘而恢宏的世界观与神话体系，堪称艺术精品。

在神庙壁上，雕刻有法老向埃及与努比亚的神祇们供奉酒食的画面，这是埃及神庙常常雕刻的图像内容。但值得一提的是，由于丹铎神庙建成于埃及被罗马统治的时期，因此画面中的法老并不是埃及人，而是罗马皇帝奥古斯都·恺撒。

丹铎神庙中供奉的主要神明是伊西斯，她是古埃及神话中最重要的一位女神，掌管着生命、魔法、婚姻与生育。

埃及神庙的门廊柱上，以纸莎草与莲花为雕刻的主要对象，它们仿佛是自尼罗河水中而生，支撑起神庙的构造。这些植物元素的应用与刻画，反映出古埃及人对于世界的理解，以及古埃及人与自然的和谐关系。

尼罗河畔的旧影：神庙原址与风貌

丹铎神庙的原址，位于埃及南部的阿斯旺近郊，即努比亚地区。此地有着丰富的金、铁资源，同时也是南方的商业贸易重镇。神庙坐落在尼罗河岸的一处砂岩平台上，此处视野开阔，站在平台上可以从容地俯瞰尼罗河两岸静谧的风光。

灯光为庙宇着色

昔日色彩

古埃及的雕刻与壁画通常会涂有鲜艳的色彩，丹铎神庙也不例外。在建造之初，庙内由赭红、白、金黄等颜色构成辉煌明快的风格，但随着岁月侵蚀，色彩剥落，如今墙面上只存留着雕刻的痕迹，对过往的色彩进行还原需要借助现代科技。

丹铎神庙的建造遵循埃及本土的建筑传统与文化，如神庙南门两侧所雕刻的眼镜蛇，便分别戴着上埃及法老的皇冠与下埃及法老的皇冠，这些细节显示出罗马皇帝对于当地文化传统的尊重，有助于巩固其统治。

即将湮没的命运

丹铎神庙原本位于高耸的岩石之上，没有受到尼罗河水的侵蚀，1960年，埃及水利工程阿斯旺大坝动工，尼罗河水位上涨，使得包括丹铎神庙在内的许多文化遗迹都面临被河水湮没的危险。

丹铎神庙旧址

远渡重洋的神庙

为避免埃及的文化瑰宝被河水湮没，消失于大众视野，国际社会展开了抢救性的保护活动，许多文化遗迹被整体迁移，得以保存下来。

1965年，为感谢美国对文化遗迹保护项目的帮助，埃及政府决定将丹铎神庙赠送给美国。

由于神庙体量巨大，为运输计，原本800吨的建筑体被分装在640个集装箱中，以货轮运送到大洋彼岸的美国。

当时，美国数个与埃及有渊源的城市都想得到安置丹铎神庙的资格，最终纽约市拔得头筹，丹铎神庙于1978年在大都会艺术博物馆重新组装，获得新生。

还原故地的展厅设计

对于丹铎神庙移置地点的选取，埃及政府希望神庙的新环境能够接近尼罗河畔原本地址的情况，且附近的居民都能随时望见神庙。

为此，大都会艺术博物馆设计了玻璃展间，接天光进入展厅，与神庙前的水池相互辉映，天光下微微荡漾的粼粼波光，带领参观者感受来自尼罗河的历史回响。

重新构建的神庙

华盛顿横渡特拉华河

以美国历史为主题的最佳画作

这幅画描绘了美国独立战争期间的一个关键时刻，即1776年12月25日晚到26日凌晨，乔治·华盛顿将军带领大陆军横渡特拉华河，准备偷袭在特伦顿驻守的赫西安雇佣军。

在画面中隐藏着两组数字："1851.2.5"和"1951.4.16"。它们似乎是这幅画创作和流传过程中的节点日期。

抵在冰块上的木杆弧度微微弯曲，凸显撑杆者的用力程度，以及船只在浮冰上行进的艰难。

创作者： 埃曼纽尔·勒特兹

创作年代： 1851 年

类型： 布面油画

尺寸： 高 378.5 厘米；宽 647.7 厘米

来源地： 美国

“华盛顿横渡特拉华河”是美国独立战争中最具象征意义的历史事件之一，也是美国文化中最著名的符号之一。因此，当这幅表现这一历史事件的作品问世时，其精妙的图像表达与非同一般的意义，被公认为是“迄今为止以美国历史为主题创作的最佳画作。”

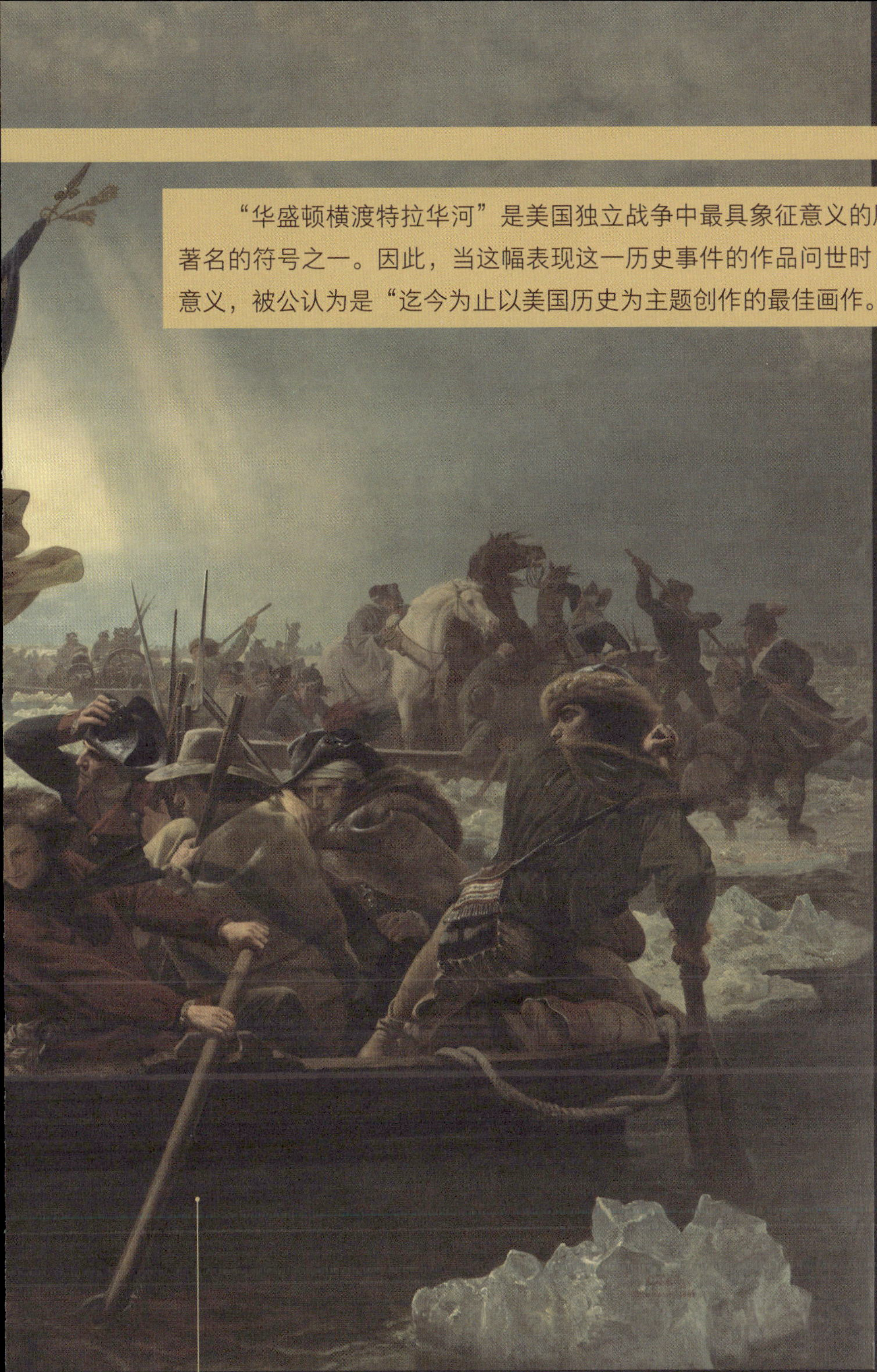

天空中的这颗星在画面中扮演着重要的角色，既将画面中故事发生的时间确定在黎明前的几小时内，同时也象征着美国独立战争中希望的曙光。

画面右侧以浓沉的暮色为主，营造出战争的沉重与出征的时间点，而左侧的光亮则是迎着人物前进的方向，既平衡了画面明暗，又象征着前路的光明。

画面中的浮冰分布避开了红衣划桨者周围，让画面前后景布局疏密得当，同时又能突出了人物划桨的动作，使整体的构图更加合理。

小提示

画面中所反映的场景，发生在1775年至1783年的美国独立战争期间，这场战争的胜利结束了英国对十北美十三州的殖民统治，美国正式建立，并为拉丁美洲各国人民的民族独立运动树立了榜样，进而推动了18世纪欧洲的反封建革命运动。

独立宣言的签署

文物小知识

重绘的杰作：画作本身的历史变迁

《华盛顿横渡特拉华河》于1851年诞生于埃玛纽埃尔·洛伊茨之笔，画作问世之后，在美国社会立刻引起了巨大轰动与广泛共鸣，但这幅作品的诞生面世过程却并非一帆风顺，画作一度被损毁殆尽，重新描绘后，才有了如今的模样。

《向西走向帝国的进程》

埃玛纽埃尔·洛伊茨

《华盛顿横渡特拉华河》的作者是德裔美国画家埃玛纽埃尔·洛伊茨，他以擅长历史题材创作而闻名，此类绘画的画面往往具有强烈的民族主义色彩，充满激情和动感。除了代表作《华盛顿横渡特拉华河》之外，洛伊茨还创作了多幅其他历史画和肖像画作品，如《帝国的进程向西迈进》《哥伦布在女王面前》《沃辛顿·惠特里奇》等。

埃玛纽埃尔·洛伊茨

《在国王前面的哥伦布》

两个版本

1849年，埃玛纽埃尔·洛伊茨开始创作“华盛顿横渡特拉华河”这个主题第一版本的画作，但画作在1850年于火灾中不幸毁坏，残余的画稿经修复后被不莱梅艺术馆收购，后在二战中毁于战火。

所幸洛伊兹在第一版本被收购后，设计了一幅更大尺幅的作品，并对构图、人物等各方面进行改进、重绘，大都会艺术博物馆馆藏的画作便是这个版本。

在不莱梅艺术馆所藏的第一个版本中，船头撑船人物手持的木杆是笔直的，而红衣男子划桨的双手挨得很近，使得人物动作的力量表达并不准确。与此同时，画面中浮冰的间隙也较大，水面有许多浅色的涟漪，这些线条十分风格化，缺乏符合事实的实际说服力，因此被进行了修改。

《斯凯勒夫人在英国逼近时烧毁了她的麦田》

1864年大都会博览会的照片

“镶嵌宝石”的画框

优秀的画作往往与合衬的画框相辅相成，但《华盛顿横渡特拉华河》却在相当长的时间里，被放在一个朴素的画框里，这与画作本身价值并不相符。因此，为了镶嵌这块“宝石”，博物馆根据历史留存的曾经这件作品所匹配的画框照片，重新制作了这个华丽的鹰冠画框。

画框的主要装饰部分由鹰、纹章盾、鼓、旗帜、大炮、长矛、刺刀、绶带等元素构成。所有组件被模塑或雕刻完毕后，再进行镀金,以一种一往无前的气势衬托画作的恢宏感。

重制画框的过程

在正式制作画框之前，负责修复画框的工作人员先制作了一个鹰冠装饰的模型，以此把控实际做出的效果。在经过深思熟虑后，为了让整体效果更趋于统一，策展人决定将画框的装饰以铸造的形式制作，而鹰冠与四角的盾则交由雕刻师们手工雕刻。在历时四年的制作后，消失在岁月里的画框终于以全新的姿态重现在人们眼前。

被修复的画框

鹰冠装饰

大马士革房间

现存最早的完整奥斯曼帝国典型建筑的室内装饰

这间大马士革房间以木料与瓷砖为主要的建筑材料，是内部结构保留最完好的冬季接待室。接待室划分为两个区域，一为较低的前厅，用于放置鞋履，准备茶果火盆等招待用品，而较高的地方则为真正的接待区。

创作年代：约 1707 年—1711 年

类型：室内建筑装饰

尺寸：6.71 米 ×5.1 米 ×8 米

来源地：叙利亚

大马士革房间的装潢精美富丽，装饰手段丰富多样，通过材料、工艺及色彩的共同搭配，营造出房间整体瑰丽的视觉效果，留存下奥斯曼帝国的生活风貌，更表现出了伊斯兰艺术的精髓。

接待室除了作为娱乐休闲与社交往来的场所，也是对外展示家庭财富、地位与自身良好品味的窗口。除了在装潢上极尽精细，舒适度也是接待室装饰中至关重要的一环，为应对不同的季节时令，接待房间的选址和与之配套的装饰也会有所不同。

喷泉是接待室前厅内不可或缺的特征，大马士革喷泉的形状通常为八角形，中心被雕刻成盛放的白色花朵，周围覆盖着重复的星形与多边形图案。

巨大而装饰精美的壁龛，通常位于接待室内的前厅墙壁，用于放置水壶、露杯等与接待客人有关的实用物品。壁龛顶部有木制的拱顶，下面贴着可以拼接为完整装饰画的瓷砖，十分具有当地风情。

奥斯曼的余晖：从大马士革房间窥见的帝国风情

在大马士革房间内，有大量的木质浮雕装饰，其上纹理细密，图案精妙，需要定期在其表面上涂一层清漆来进行维护。虽然随着时间的推移，从前的层层清漆逐渐变暗，使得原本色彩缤纷的表面逐渐变得黯淡，仿佛当年的余晖。

洛可可风格的影响

奥斯曼受到来自东西方艺术的影响，其中，法国的洛可可风格在室内装潢上表现得尤为明显，细碎、繁密的花朵，弯曲而闪光的装饰，都是洛可可风格的具体体现。但与此同时，房间内也保留了奥斯曼传统的纺织品、彩绘等元素，反映出这一时期将欧洲与近东装饰元素相融合的流行趋势。

原有色彩

通过研究房间右侧橱柜清理出的一小块区域可发现，现下黯淡的彩绘背景，原本应当是浅绿的色泽，这种颜色在当时的大马士革室内装饰中十分常见，或许是因为这样的颜色能够让人有置身于自然之中的感觉。

自然主义图案

除传统图案外，房间内部大量使用了大自然中花朵、水果静物等图案作为绘画的元素，例如郁金香、康乃馨、野玫瑰与风信子，这些都是奥斯曼帝国常见的植物，而果盘则象征着富足、丰饶与幸福的生活。

“ajami”的装饰技艺

木质浮雕装饰由覆盖金箔的石膏、涂有色釉的锡箔、哑光且明亮的蛋彩画制成，这种典型的奥斯曼叙利亚特色的装饰技术被称为“ajami”，反映了18世纪室内流行的时尚。

大理石密铺

大马士革房间内的地板，使用了密铺这一叙利亚最古老精美的石材镶嵌技术。匠人们选择颜色不同的大理石、石灰石与玄武岩，利用三角形、正方形等不同的几何图案额重复来构造模块，从而达到绚烂缤纷的视觉效果。

大理石密铺地砖

彩窗工艺

彩色的透明玻璃是大马士革房间引人注目的重要元素之一，彩色或透明的玻璃，被按照一定的规律插在灰泥格子中，形成绚烂的图案。它们往往被布置在触摸不到的高度，天光透过，为房间增添绚烂的色彩和迷人的光线，营造出类似于万花筒的视觉效果，增加了天花板的装饰性与视觉冲击力。

来自东方的陈设

接待区域内的陈设架往往展示珍贵物品，在一定程度上反映出家宅主人的品位，从珍贵的传家宝、书籍到从中国进口的瓷器，架上的物品见证着中国与奥斯曼帝国在历史上的贸易与文化交流。

MUSEUM
COLLECTION
TREASURES
馆藏珍品

河马威廉

深受参观者喜爱的非正式吉祥物

创作年代： 约公元前 1961 年 — 公元前 1878 年

类型： 彩釉陶器小型雕塑

尺寸： 高约为 11.2 厘米；长约为 20 厘米；宽约为 7.5 厘米

来源地： 埃及

河马在古埃及象征着重生和再生，常被放置在墓穴里，埃及各地都曾挖掘出土了许多不同类型的河马雕塑。目前，全世界收藏有近百头这样的彩陶河马，而河马威廉是其中最为著名的一只。

这只古埃及的彩陶小河马，凭借可爱的亮蓝色吸引着参观者的目光，其憨态可掬的造型，极富创意与自然场景即视感的彩绘莲花纹，显示着别样神秘的古埃及文化魅力。如今，它已成为大都会艺术博物馆的“非正式吉祥物”，深受全世界参观者的喜爱。

在河马威廉身上，绘制着开放的莲花与闭合的莲花花苞，以及浮动在水面上的莲叶，莲花与河马共同组成了在沼泽中生活的场景，造型与细节设计十分有趣。同时，因为莲花具有昼开夜合的特性，古埃及人借这种自然规律来象征永恒的轮回。

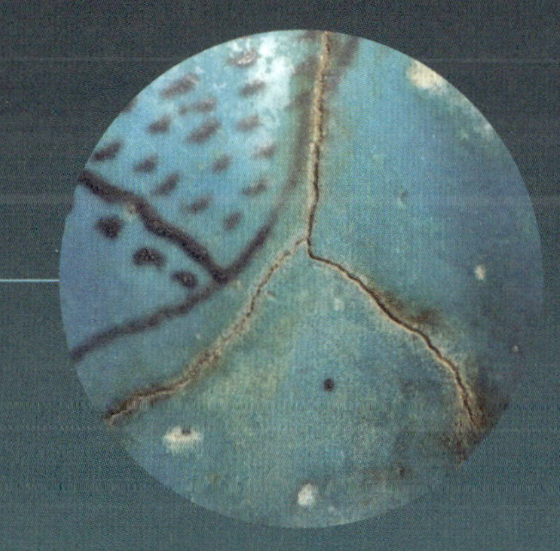

在河马威廉的底部与身上，有许多釉面不均的痕迹，底面粗糙的纹理或许是在烧制过程中，窑具支撑所导致的；而身上的裂痕，可能并不仅仅是因为时间流逝而产生的风化，也是因为在制作时使用了胶结法上釉，釉彩在烧制过程中破裂所形成的。

河马威廉的三条腿在被发现时便已经折损——很有可能是被故意折断的。因为在古埃及人眼中，河马象征着生命和重生，同时也是一种非常危险的动物，在陪葬时，将河马的腿折断，意在防止它伤害墓穴中的主人。现在所见河马威廉完整的腿，是在挖掘出土后经修复补全的。

小提示

在大都会艺术博物馆馆藏的古埃及文物中，也有许多其他造型的彩陶河马，其中有一只站立的河马，长11.7厘米，宽5厘米，与威廉造型十分相似。这只小彩陶河马是在雷尼斯尼布木乃伊背部的包裹物中发现的，包裹中除它之外，还有一面镜子、一条项链和一个护身符。

站立的河马

文物小知识

神明与威胁：古埃及人与河马的关系

古埃及时期，当地的人们对河马有非常矛盾的心理，人们将河马的一些习性与生命的轮回、重生联系起来，但同时，日常生活中，河马也是毁灭农田，具有潜在危险的巨大生物。

河马的寓意

在古埃及文化中，河马象征着多重含义。

河马庞大的身体代表着力量，但同时，河马巨大的胃口，又会给人们的生活带来危险和混乱。因为河马生活在尼罗河中，常在太阳升起和落下时咆哮，人们遂将这种行为理解为河马对太阳的问候与告别，并进一步关联到了生命、再生和重生——太阳的运行被古埃及人视为永恒的重生循环。因此，河马常被雕刻或制作成物件放入逝者的墓穴，希望能够为死者提供再生的能量，并保证墓穴主人的重生。

不仅如此，古埃及人还观察到雌性河马会努力保护它们的幼崽，这也使得河马的形象与一些保护妇女儿童的神明产生了关联。

古埃及河马雕像

古埃及河马石板画

与河马有关的女神

在古埃及，塔沃瑞特女神通常以河马形象出现，象征母性和保护，特别是保护孕妇和儿童。她被视为拥有强大能力的守护性神祇，这是河马在自然界中保护幼崽特性的神化。

而另一位女神赫杰特，有时也被描绘为完整的河马形态，这些女神的形象和故事反映了古埃及人对河马这一生物的多面理解和崇拜。

塔沃瑞特女神雕像

精美的埃及彩陶技艺

阿蒙霍普特三世的狮身人面像

彩陶的原料与技术

古埃及的人们认为彩陶制品蕴藏着太阳的能量，闪烁着永恒的光彩。当时的工匠通常会从周围的生活环境里找寻制作彩陶的原材料，埃及东部沙漠里的各类岩石，细小砂砾，都是制作彩陶的原料来源。

制作彩陶时，人们会将原料与水混合，搅拌成糊状，但由于这种糊无法支撑自己的重量，因此彩陶造型大多是通过模具来塑形的。完成塑形后，人们则会通过风化、直接施涂与胶结这三种方法来上釉，最后经过烧制，让器物最终呈现出明亮的色彩。

伊西斯与荷鲁斯

奇妙的埃及蓝

早在公元前2600年左右，古埃及人便会使用一种蓝色颜料绘制彩陶及装饰物，后来这种颜料被称为埃及蓝，其成分为硅酸钙铜。

在古代，颜料被划分为矿物颜料、植物颜料与人造颜料三种，其中人造颜料十分罕见，尤其是蓝紫色，可谓世所稀有。迄今为止，只有埃及蓝、中国紫与玛雅蓝，被确认为是出现于工业社会前的三种人造蓝紫色。

河马“威廉”的名字由来

给河马命名为“威廉”，首次出现在1931年的英国杂志*Punch*报道的一个故事中，作者是一位船长。

他在文章中写道，家中拥有一张大都会艺术博物馆小河马雕像的彩色版画，并给它取名为“威廉”。威廉似乎会通过表情的变化，对家中的事件发表意见，久而久之，船长一家在作重要决定时，都会专门咨询它的意见，威廉俨然成为家庭中的一员。这个神奇又幽默的故事极受欢迎，因此直到现在，博物馆仍然使用着文章中小河马的名字，威廉。

河马威廉的正面

库洛斯像（青年雕像）

拉开古希腊雕刻史的序幕

库洛斯像的整体风格是典型的早期希腊雕塑艺术风格，雕塑描绘的是一位年轻男性，他裸体、长发，有精致的细节，如项链、发带的呈现。

库洛斯像的整体造型呈直立姿势，左脚微步前伸，双臂紧贴身体两侧，整体造型僵硬而对称。这种造型显著受到了埃及艺术的影响，尤其是在姿势和身体比例的处理上。埃及雕塑追求的正面性、对称性和线性特征都在库洛斯像中得到了体现，反映出早期的希腊艺术家，从邻近文明中吸收并融合艺术元素的趋势。

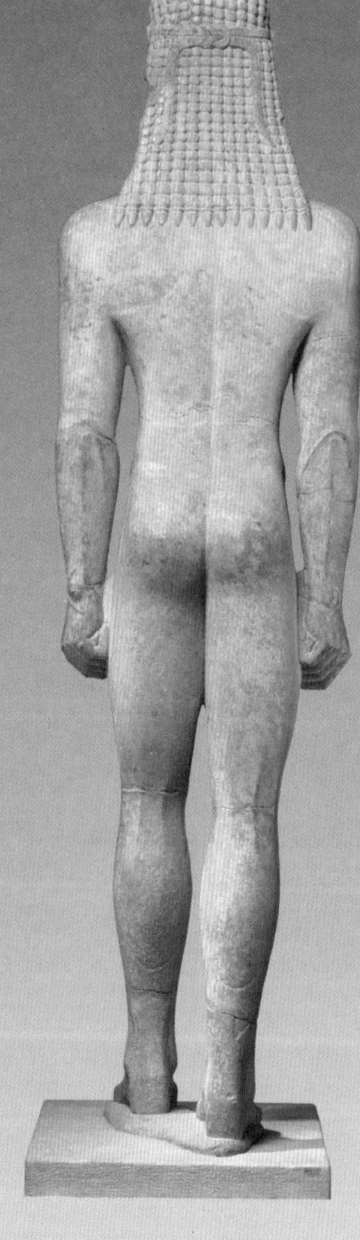

创作年代： 约公元前 590 — 公元前 580 年

类型： 大理石雕塑

尺寸： 高 194.6 厘米（不带基座）

来源地： 古希腊阿蒂卡

库洛斯在古希腊语中意为“年轻人”，大都会艺术博物馆所藏的库洛斯像，正是其中的典型。库洛斯像标志着希腊雕塑从更早期的抽象性，向更加自然和现实主义的风格转变，也成为古希腊艺术和文化的重要象征。

残留红色彩绘的发带

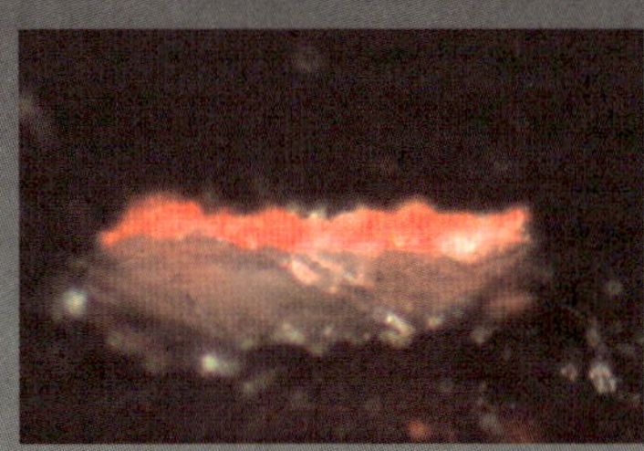

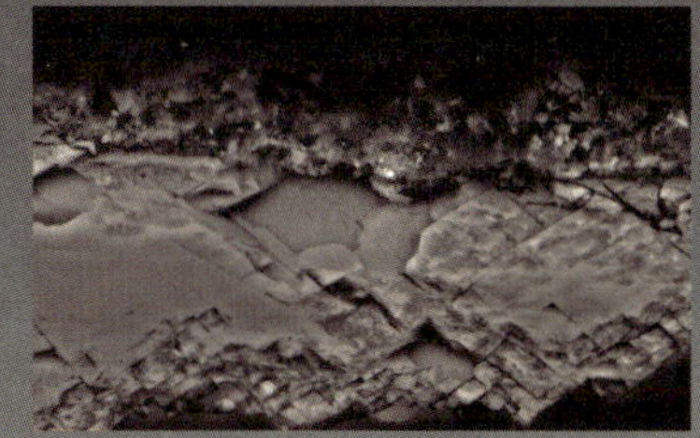

岩相显微镜（左）和扫描电子显微镜（右）下的发带红色油漆样本

古希腊大理石雕像从最早的时代起就有彩绘，当时的著名雕塑家与画家经常合作，而且绘画的效果在很大程度上决定了雕像的最终呈现效果。

库洛斯像发带上残留的色彩，来自直接涂抹在大理石表面的赭石，这种赭石不仅富含赤铁矿，还发现了砷。虽然大部分原始颜色如今已经褪去，但通过岩相显微镜和扫描电子显微镜观察，仍能在眼睛、乳头和头发等部位看到残留的红色彩绘痕迹。

雕像头部

雕像的面部整体塑造线条简洁，追求几何化。表现为面部轮廓鲜明，双眼大而深邃，眉毛呈轻微的弓形，鼻梁直且显著，嘴唇微微上翘——这种微笑后来被称为“古风式微笑”，给人以静谧而庄重的印象。

库洛斯雕像之所以表现为裸体，实际上体现了古希腊崇拜男性身体美的文化。当时的希腊人认为，男性躯体是力量、美丽和英雄主义理想的代名词。而在艺术创作中，男性裸体同样是一种美学和力量的展现，存留下来的绘画抑或雕塑，都有大量的实物予以佐证。

纳克索斯岛

小提示

古希腊之所以广泛使用大理石制作雕像，主要是因其丰富的大理石资源和大理石本身优良的物理特性——不仅质地坚硬，且易于雕刻和打磨，能精细展现人体的美。

而古希腊主要的大理石产区，有阿提卡和纳克索斯岛等地，这些地区的大理石以优良质地和美丽的外观而闻名，因此成为雕塑的首选材料。

十四岁的小舞者

现代雕塑史的重要里程碑

《十四岁的小舞者》是德加雕塑作品中最著名的一件，原作最初在1881年的第六届印象派展览上展出。

材质的组合

德加当初制作这件作品时，使用了真实的绸缎和蕾丝制作芭蕾舞裙与发饰，这些不同材质的组合打破了传统雕塑使用一种材质的界限，使得作品仿佛拥有了生命，真正走进了参观者的世界。

创作者：埃德加·德加
创作年代：1922 年
类型：青铜雕塑
尺寸：高 97.8 厘米
来源地：法国

这件雕塑通过捕捉真实的姿态和表情表现了一名年轻芭蕾舞者的真实形象，体现了德加对运动中人体形态的精细观察。这件作品因其独特的创作材料和技术（使用真实的舞蹈服装和发饰）在艺术界引起了广泛关注。

1922年原创裙

1968 年替换裙

《十四岁的小舞者》在大都会艺术博物馆展出期间，至少更换过三次短裙，以使雕像的造型更加完整。2018 年，管理员与策展人合作设计并制作了一款新的芭蕾舞短裙，旨在更贴近德加对《十四岁的小舞者》的设想。

1998 年复制裙

原件与复制

1917 年德加去世后，人们在他的工作室里发现了150多件具象雕塑，其中大多数由蜡制成，包括《十四岁的小舞者》。德加的继承人为了保存作品，并方便日后将其出售，授权可以用青铜铸造复制品，因此便有了这件青铜材质的《十四岁的小舞者》。

小提示

埃德加·德加（1834年—1917年），是法国印象派画家、雕塑家，以描绘舞蹈者、赛马活动和日常生活场景而闻名。他的代表作包括画作《舞蹈课》《蓝色舞者》和著名的雕塑作品《十四岁的小舞者》。德加以独特的构图形式、对动态物象的精准捕捉和对光线的细腻处理著称，是19世纪末法国最重要的艺术家之一。

为纪念热气球发明而拟建的纪念碑模型

神话与科学的结合

此件纪念碑模型的底部是圆柱体，作为热气球基座。模型表现了热气球升空的动态场景，有30个孩子在气体旋涡中奔跑，点燃火盆以助发射。克劳德·米歇尔使用了两种颜色的黏土，模拟蒸汽和上升的推进力。顶部则有象征名望的喇叭和风神埃俄罗斯的形象，比喻推动气球前进的动力。这件作品生动展现了热气球发射的过程，将神话与科学相结合，十分有趣。

创作者：克劳德·米歇尔

创作年代：1784 年

类型：雕塑

尺寸：高 109.5 厘米

来源地：法国

《为纪念热气球发明而拟建的纪念碑模型》是法国雕塑家克劳德·米歇尔的作品。1783年，蒙特哥菲尔兄弟成功升空热气球，克劳德·米歇尔的作品便基于此历史事件而设计。他的纪念碑模型大胆且富有创意，轻盈且富有魅力，被认为是那个时代最具创造力和活力的雕塑之一。

创作的背景

1783年，蒙特哥菲尔兄弟成功升空热气球，引发公众热烈反响。路易十六决定在杜伊勒里宫前建造纪念碑纪念这一发明。1784年1月，纪念碑设计竞赛启动，这一赛事吸引了数位雕塑家参与，其中包括克劳德·米歇尔。

然而，随着人们对热气球新奇感的消失，国王放弃了建造纪念碑的计划，使得这座雕塑并未真正落成。

风神埃俄罗斯

在为纪念热气球发明而拟建的纪念碑模型顶端，一位男子正用力推动着热气球，似乎想要将其推动到正确的方向，这个男子埃俄罗斯，正是希腊神话中的风神。

但埃俄罗斯这个名字被神话中的三个人物共用。第一个埃俄罗斯是赫楞之子，同时也是埃俄利亚族的祖先；第二个则是波塞冬之子，他曾抵达第勒尼安海；第三个是希波忒斯之子，在《奥德赛》中，他给了奥德修斯一袋风，助其回到伊萨卡。三者常被混淆。

小提示

克劳德·米歇尔（又名克洛迪昂），是法国著名的洛可可风格雕塑家，以大理石、青铜和赤陶作品闻名。他出生于南锡，1753年来到巴黎，1759年获得皇家学院的雕塑大奖，并于1762年前往罗马。他于1814年去世，距第六次反法同盟结束仅几个月。他的代表作包括《孟德斯鸠的雕像》《时间之舞》《酒的狂欢》《密涅瓦》等，这些作品被广泛收藏于卢浮宫、大都会艺术博物馆等世界著名博物馆。

《密涅瓦》 克劳德·米歇尔

彩绘陶舞俑

中国西汉雕塑精品之作

创作年代：公元前 2 世纪

类型：雕塑

尺寸：高 53.3 厘米

来源地：中国

陶女舞俑为西汉时期制作，作品中的女舞者向后甩起一只衣袖，略微俯身，双膝弯曲，形象生动。陶俑制作者通过捕捉动态瞬间，展现了舞者充满活力的姿态。

文物放大镜

这尊陶女舞俑属于汉代的彩绘女侍俑，乐舞俑是汉代雕塑艺术中的重要门类。该雕塑色彩鲜艳，轮廓线条流畅优美，陶俑动态极富韵律感与美感，是中国早期雕塑作品中的精品之作。

西汉陶俑种类繁多，初期以模拟兵马俑的军阵为主，后随着时代的发展，陶俑的造型更加生动活泼，涵盖舞女、侍仆、农夫等社会各阶层。这些陶俑反映了中国古代“事死如事生”的社会观念。陪葬陶俑旨在为死者继续提供生活的陪伴与服务，陶俑的出土为研究中国古代雕塑艺术和社会历史提供了珍贵的实物资料，西汉陶女舞俑便是其中的代表作之一。

西汉舞女俑
中国国家博物馆藏

东汉击鼓说唱俑
中国国家博物馆藏

陶舞女俑的身上留有鲜明的红色彩绘，这种红彩的来源是一种广为人知的矿物颜料——朱砂。将朱砂研磨后加胶料调制，用于涂染衣料或雕塑，可使彩绘色彩红赤纯正，经久不褪，因此，朱砂也成为西汉时期的流行色。

东汉庖厨陶俑
成都博物馆藏

西汉女子的服饰以曲裾式深衣为主，衣襟右绕形成绕襟效果，贵族妇女的服饰则更加华丽，多用绮罗裁衣，并装饰珍禽瑞兽的纹样。而在妆容方面，西汉女子倾向于淡雅的妆容，喜爱长而精致的细眉，发型多为简洁的垂髻。在汉景帝阳陵博物院馆藏的塑衣式彩绘跽坐侍女俑上，这些认识进一步得到印证。

塑衣式彩绘跽坐侍女俑

雕刻中的史诗

乌戈利诺和他的儿子们

乌戈利诺是中世纪末期意大利的一位贵族，因政治斗争失败被囚禁并最终在狱中饿死。在这座雕塑作品中，创作者让·巴普蒂斯特·卡尔波生动地雕刻出了乌戈利诺的痛苦。

创作者：

让-巴普蒂斯特·卡尔波

创作年代：

1865 年—1867 年

类型： 大理石雕塑

尺寸： 高 197.5 厘米；宽 149.9 厘米

来源地： 法国

《乌戈利诺和他的儿子们》创作灵感来自但丁《神曲·地狱篇》中的故事，故事描述了比萨的叛徒乌戈利诺父子被囚禁饿死的境遇。让-巴普蒂斯特·卡尔波通过写实主义手法，精准地表现了人体结构和人物情感状态，使得这件作品充满张力的同时，又有浪漫主义氛围，成为同时具有艺术价值和文化内涵的杰作。

佛罗伦萨的但丁雕像

在《神曲·地狱篇》中，但丁在地狱里遇到了乌戈利诺父子，因为他们生前背叛祖国，如今的他们无法获得食物，无法解除饥饿之感——在地狱中的灵魂必须承受与其罪行相关的永恒的痛苦，无法逃脱也无法减轻。乌戈利诺自身也深感内疚和羞耻，认为自己的背叛行为是不可饶恕的罪行。

这则故事具有深刻的道德和宗教内涵，同时也展示了但丁对背叛的认知。

在背面角度下，能够看到孩子的脊椎没有如成人般凸起的细节，这些年龄差异的精准呈现，表现出艺术家的高超技艺。而即使受到饥饿的折磨，作品中人物的肌肉仍然饱满健硕，这是因为古希腊的美学观念：当真实和美发生冲突的时候，真实需要为美让路。

乌戈利诺的儿子们试图将自己的身体献给他，以维持他的生命，而在雕塑两侧的年纪稍小的孩子，似乎已经因饥饿而停止了呼吸。

小提示

让-巴普蒂斯特·卡尔波是19世纪法国雕塑家、画家，他是浪漫主义和现实主义风格的结合者，雕塑作品以充满动感和对人物精神状态深入的描绘而著称。《乌戈利诺和他的儿子们》《舞蹈天才》等都是他的代表作，这些作品更成为19世纪欧洲雕塑史上不可忽视的重要篇章。

《舞蹈天才》

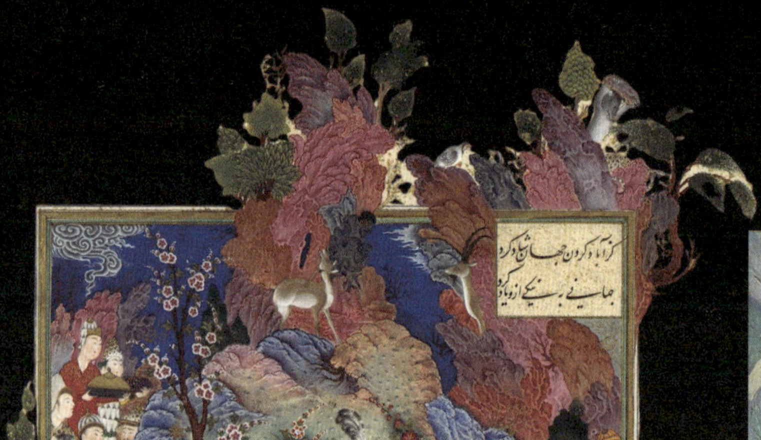

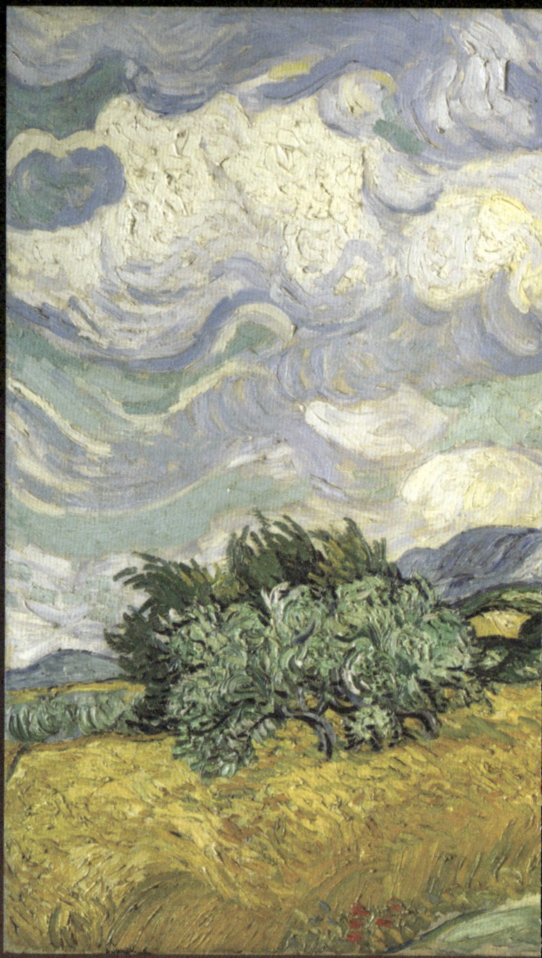

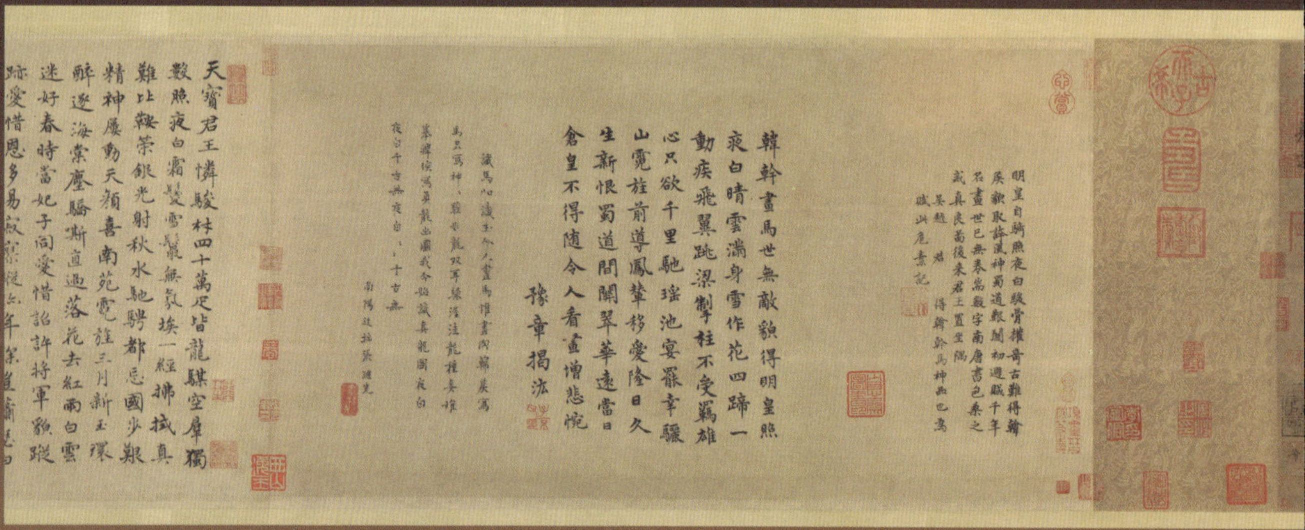

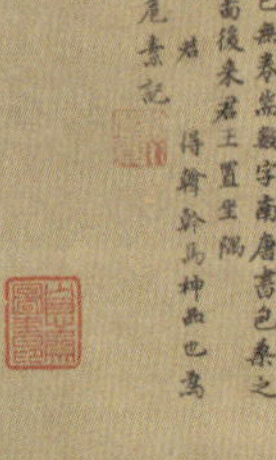

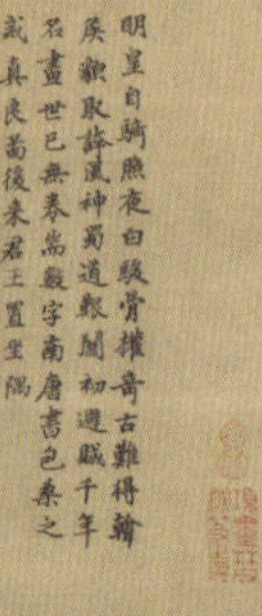

照夜白图

广为人知的骏马

照夜白为产自西域的骏马，体量高大身姿矫健，毛色雪白，深受唐玄宗的喜爱。因其毛色光华在夜间也可见分明，如同夜色也随之变亮，故此得名。

创作者：韩干

创作年代：约 750 年

类型：绘画

尺寸：纵 30.8 厘米；横 33.5 厘米

来源地：中国

《照夜白图》的构图简单分明，没有复杂的背景刻画，只有一匹骏马被拴在一根马桩之上，似乎不满眼下的束缚，正有些焦躁地挣扎嘶鸣，马匹紧张不驯的神态十分生动，其急促而粗重的喷气声仿佛透纸而出，极具动感。由于马匹通体似雪，为让整体画面有视觉重心，马桩被渲染成深色，同时也衬托出了照夜白自身的颜色，增加了画面的层次感与立体感。

《照夜白图》上的骏马没有尾巴，是因为马匹的后半身很可能为后人补笔，由于原稿中尾巴已不存，无从对照，因此后世笔者不曾将尾巴补完。

《照夜白图》所描绘的骏马是唐玄宗的爱驹，也是广为人知的一幅骏马图。画作以简洁精炼、颇具力道的线条，恰到好处地表现出了照夜白的矫健神勇，使之成为中国古代以马为主题的绘画精品之一，而随着时间流逝，历代收藏者的印章与题词，也为《照夜白图》增加了更多的文化价值。

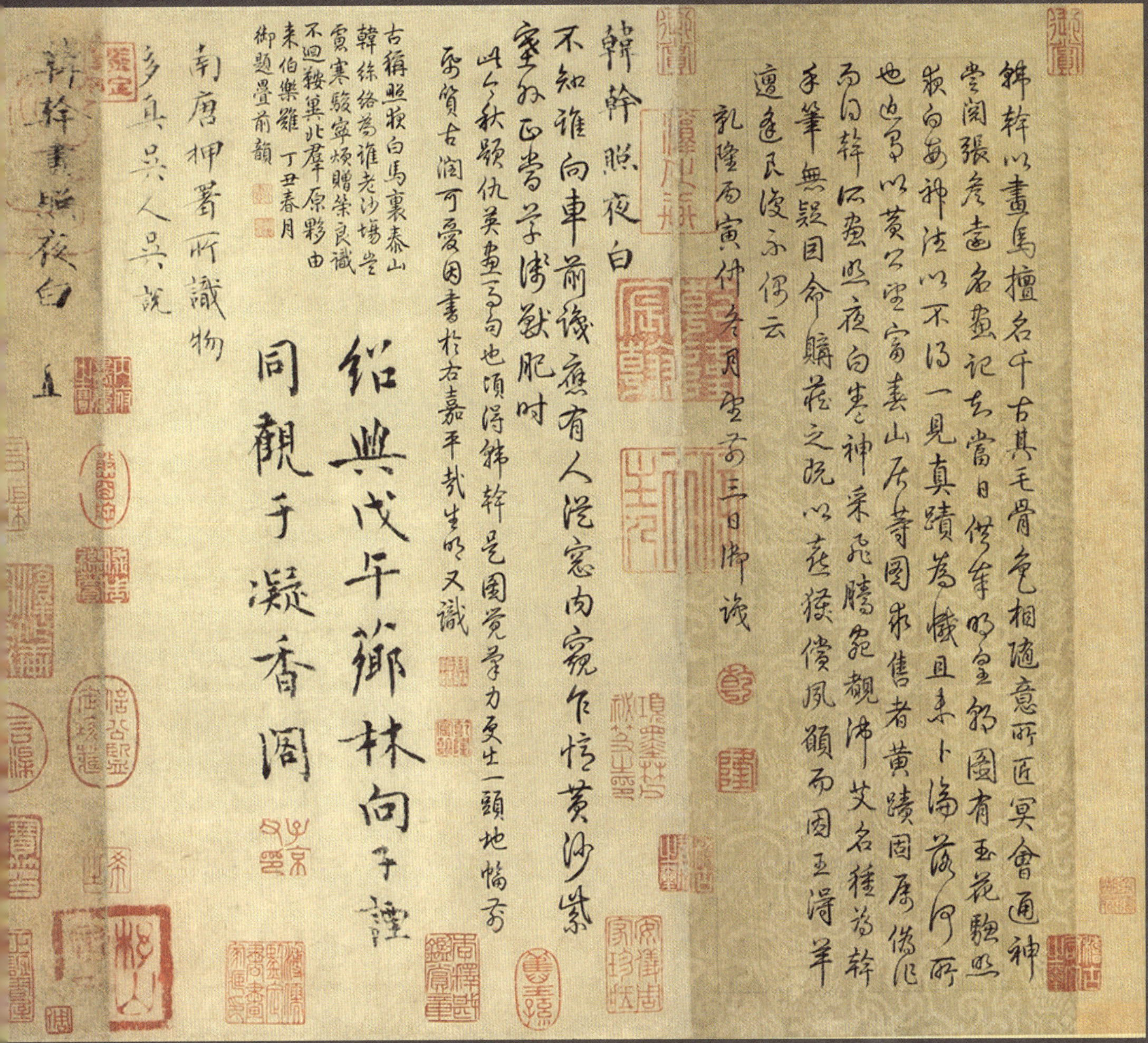

唐时，大宛国改称宁远国，唐玄宗将义和公主远嫁宁远国王，而宁远国王也回献了两匹“汗血宝马”，唐玄宗喜爱非常，将两匹马分别命名为“玉花骢”“照夜白”。

唐玄宗曾命韩干按照另一位擅画马的名家陈闳的作品摹画，但韩干画技提高不明显，于是以马为师，去马厩写生描绘名驹，其中便有“照夜白”。

小提示

《圉人呈马图》 韩幹

唐代画家韩干，便是《照夜白图》的作者，他擅绘肖像、人物、花竹等，尤擅画马，唐玄宗年间，被召入宫封为“供奉”。韩干画马，会在马厩待上很长时间观察写生，久而久之，终成一代大家。

文物小知识

跨越千年的旅程：从题跋追寻《照夜白图》的影踪

历代文人墨客在鉴赏书画时，喜欢在书画前后留字题跋，或品评，或记事，或考订，通过阅读这些题跋，人们便能知道书画曾经由哪些收藏家过手，又有怎样的故事发生，在历史上留下了哪些传奇，由此可探寻名作过往的影踪。

题跋与印章

在《照夜白图》上，画芯右侧有向子湮、吴说题首，拖尾前六接跋纸共有元明清11家题跋，另有乾隆诗跋。而其上也有“平生真赏”朱文印、南宋贾似道的“秋壑珍玩”、“似道”等印及明项元汴等收藏印。

平生真赏

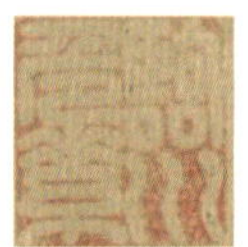
临川危素

心赏

自家意思

曾氏得之

尊生

梅雪斋

乾隆宸翰

乾隆御览之宝

内廷淳化轩之印

历代收藏

唐亡后，《照夜白图》辗转流落，于南宋时被贾似道收藏。

南宋亡后，元代危素曾有题跋留存，之后根据鉴藏印，推断《照夜白图》可能经过明代收藏家项元汴之手，再由清代书画鉴藏家安岐收藏。后被进献朝廷，安置在内廷淳化轩，乾隆数次为《照夜白图》题诗，甚至在其上盖了数十个印章，足见喜爱之意。

《照夜白图》的失落

晚清时期，恭亲王奕䜣之孙溥伟意欲变卖恭王府中珍藏的书画，《照夜白图》便在其中。这一消息被英国收藏家戴维德得知，便托人求购。

爱国收藏家张伯驹听闻此事后，十分焦急，去信当时主政北京的抗日爱国将领宋哲元，言明此图的文献价值，请求宋将军阻止此图出境，可惜为时已晚，《照夜白图》已被转售英国。此后经历几番周折后，《照夜白图》于1977年被捐赠给大都会艺术博物馆收藏。

恭王府

历代作品中的骏马

深受青睐的主题——大宛马

马，自古以来都深受人们的喜爱，在中国历史上，不论是王侯将相，还是文人墨客，都喜爱赞美骏马英勇忠贞、矫健进取的精神。而原产于大宛国的大宛马因体格优美、耐力强、速度极佳而颇受青睐，在一众名马中被视为神品。

自西汉张骞出使西域后，这种马种被引入中原，成为汉代军事能力提升的重要因素。而到了唐代，唐玄宗曾获得“玉花骢”和“照夜白”两匹汗血宝马，后者被画成《照夜白图》，成为闻名后世的佳作。流传千古的杜甫《房兵曹胡马诗》一诗，更是生动描绘了大宛马的神骏不凡，成为刻画大宛马的传世佳作。

《牧马图》 韩干 唐代

历代的画马名家

历代描绘马匹的名家众多，其中著名的有：唐代的曹霸,以画马肉丰骨劲而知名；韩干，擅长绘制肥壮矫健的马；张萱擅以细腻圆润的笔法描绘高贵典雅的骏马；清代意大利籍宫廷画家郎世宁，其作品《百骏图》描绘的马千姿百态；近现代画家徐悲鸿，以擅画雄骏矫健的马著称，其作品具有强烈的现代感和生动性。这些艺术家的绘马作品，不仅展现了马的外在形态，更传达了深厚的文化内涵和艺术魅力。

《奔马图》 徐悲鸿 近代

《百骏图》（局部） 郎世宁 清代

麦田里的丝柏树

凡·高自认最佳的夏季风景画

创作者：文森特·凡·高

创作年代：1889 年

类型：布面油画

尺寸：长 93.4 厘米；高 73.2 厘米

来源地：法国

《麦田里的丝柏树》展现了凡·高典型的后印象派风格，画面中丝柏树的笔触有力且具有粗糙感，树木看起来似乎在微风中摇曳，充满磅礴的生命力。

《麦田里的丝柏树》是凡·高最为知名的作品之一，并被凡·高认为是他所绘夏季油画中“最优秀”的作品，它代表着后印象派风格，以鲜艳色彩和粗糙笔触展现艺术家独特视角，吸引着观众探索凡·高的内心世界。

颜料的厚度

凡·高在《麦田里的丝柏树》中运用了粗犷、有力的笔触和厚重的颜料层，创造出画面丰富的质感和景物的动态效果。因为颜料堆积到了一定厚度，画面上显示出微妙的颜料裂纹，给画作增添了独特的创作痕迹。

编织的画布

《麦田里的丝柏树》绘制于一家巴黎公司生产的特殊布料上。这种布料以其不对称的编织技术而闻名，是凡·高从1888年夏至1890年期间特别偏爱并频繁使用的材质。

弯曲的笔触

《麦田里的丝柏树》画面中没有完全长直的笔触，基本采用短促急速、旋转的线条，这种曲线所构成的扭动形体会使画面呈现出一种别样的动感。

凡·高肖像

小提示

凡·高以独特的绘画风格著称，是后印象派代表画家之一，与塞尚、高更并称“后印象主义三杰”。塞尚注重画面结构和形体的构建，凡·高和高更则通过强烈的色彩和个性化的笔触表达情感，对表现主义和野兽派产生了重要影响。

文物小知识

凡·高眼中的柏树：生命力的具象化

文森特·凡·高对柏树的热爱反映在他的多幅作品中，尤其是《麦田里的丝柏树》。柏树在他的画作中不仅是景观的一部分，更是凡·高情感和哲学思考的载体。

《麦田与丝柏树》的双胞胎

大都会艺术博物馆和英国国家美术馆，各自珍藏了一幅凡·高的《麦田里的丝柏树》，两幅画作虽是同一主题，却展现出不同的艺术风格和视觉效果。

大都会艺术博物馆的这幅作品色彩鲜明，画面用色以强烈的对比色——蓝和黄为主。这种色彩运用赋予画作一种生动的生命感，画中黄色的麦田和绿色的丝柏树仿佛在风中自由摇曳。同时凡·高采用粗犷而有力的笔触，使得画面具有强烈的质感和节奏感。

《麦田里的丝柏树》 凡·高 英国国家美术馆藏

相比之下，英国国家美术馆馆藏的作品则色调相对柔和，色彩更加细腻，给人以温暖和谐的视觉体验。这幅画作的笔触也更为流畅和细腻，细节处理上显得更加精致，塑造出一种宁静而深远的感觉。两幅作品中，大都会艺术博物馆馆藏的版本更加强调色彩的对比和笔触的粗犷，给人以强烈的视觉冲击；而英国国家美术馆馆藏的版本则更注重色彩的和谐与笔触的细腻，展现出一种平静而深沉的美。

凡·高与柏树

在与亲友的往来信件中，凡·高曾多次提到他所钟爱的柏树：“我开始在画布上画丝柏，上面还有麦穗和一些罂粟花。蓝天就像一块苏格兰花呢。所有这些都用厚颜料画成……麦田沐浴在阳光下，显得特别热忱与厚实。”

柏树虽然在地中海地区常被视为死亡的象征，但从这些书信中能看到，在凡·高心中却不尽然，他认为柏树蕴含着对生命、慰藉和感恩的意涵，这与他对向日葵的描绘不谋而合。

正因为这种独特的见解，柏树才能够在凡·高的笔下，成为充满深意的艺术传奇。

《死亡之岛》中象征死亡的柏树　阿诺德·勃克林　瑞士

柏树在凡·高的作品中占据着特殊的位置，不仅因其独特的形态和象征意义，更因为柏树与凡·高的生平经历紧密相连。这些柏树作品多创作于他晚期生活在法国南部时期，特别是他居住于圣雷米的精神病院时期。在这段时间，他的情绪波动剧烈，艺术创作达到了高潮，柏树的强烈线条和动态形态，也成为凡·高表达内心世界和情感的媒介。

《绿色麦田与柏树》

《星月夜》

《阿尔勒花园》

《两棵丝柏树》

萨达的盛宴

波斯史诗的巅峰之作

创作者： 苏尔坦 · 穆罕默德

创作年代： 约 1525 年

类型： 金纸手抄本画

尺寸： 高 24.1 厘米；宽 23 厘米

来源地： 伊朗

《萨达的盛宴》出自赫沙·塔赫玛斯普一世时期的《列王纪》，是波斯细密绘画艺术的巅峰之作，代表着波斯历史文化的重要传统，具有非凡的文化和艺术价值。

《萨达的盛宴》主要描绘了庆祝发现火的纪念日——正好是距瑙鲁兹节五十天的时刻。据说，始祖伽尤玛斯的孙子胡尚向一头怪物投掷石头，却击中了另一块石头，引发火花四溅，因此发现了生火的方法。

在画面中，胡尚坐在草地中央，手持酒杯，与旁边递给他石榴的侍从对话。周围的人们正热烈地准备着庆祝这个特殊的节日。整个画面充满了节日欢快的气氛，反映出当时的社会风俗和文化传统。

手稿中描绘了瑙鲁兹盛宴的准备过程，画面周围的侍从们有的提供酒和水果，有的提供各式各样的佳肴，有的怀抱动物，有的在一旁听候调遣，随时准备为画面中央的王服务。同时，侍从们色彩鲜艳的衣着也为画面的边缘处增加了变化，装饰性更强。

火是整个画面的中心，也是这场盛宴召开的原因。画面中的王端坐在火前，为众人讲解火。火的发现推动了社会的发展与文明的进步，具有极其重大的意义。

自然界的循环

倒酒的侍从

精湛的金属制品

文物小知识

波斯的史诗——《列王纪》

《列王纪》是波斯民族的史诗，记述了波斯漫长的历史与许多民间传说，流传甚广，颇有声誉，其中沙赫·塔赫玛斯普一世时期的手抄本，因其精湛的书法、绘画和插图，更被认为是书籍艺术的最高成就之一。

《列王纪》封面　大都会艺术博物馆藏

无与伦比的巨著

《列王纪》又名《国王之书》，是波斯诗人菲尔多西在1010年左右完成的一部史诗巨著，因其蕴藏的文化和艺术价值，在世界历史文明长河中一直享有盛誉。

这部作品以波斯历史为背景，从开天辟地一直讲述到公元651年，共叙述了五十位帝王和公侯的生平事迹，同时也记录了丰富的波斯民间神话传说。

而这部史诗的艺术价值不仅在于其历史性，也在于其形式的艺术性，包括精湛的书法、复杂的构图、丰富的色彩和生动的人物塑造。与此同时，《列王纪》不仅被视为是文学杰作，也被称赞为是教育和启迪统治者的“王子的镜子”。

最杰出的手抄本

沙赫·塔赫玛斯普一世时期的手抄本，是《列王纪》中最壮观的插图本之一，其尺寸高约47厘米、宽约32厘米，共有759页，其中258页配有精美插图，饰有金色边框，汇集了当时波斯两代最著名的艺术家的力作，包括苏尔坦·穆罕默德、米尔·穆萨维和阿卡·米拉克。

这部手稿在完成后不久，便作为礼物送给了奥斯曼苏丹塞利姆二世。此后便一直保存在伊斯坦布尔托普卡普皇宫的图书馆中，供历代统治者欣赏，直到20世纪初。

如今，这份手稿被私人和公共机构收藏，纽约大都会艺术博物馆拥有其中的78页绘画作品，包括《萨达的盛宴》这一精彩篇章。

手抄本中的其他篇章《国王的智囊赞同了扎尔的婚姻》

手抄本中的其他篇章《努希尔万颁布改革》

细密画艺术

波斯细密画艺术，是一种源自古代波斯（今伊朗所在区域）的精致绘画形式，以其复杂的构图、精细的线条和绚丽的色彩而闻名。

这种艺术形式最初发展于波斯手抄本的插图中，在中世纪时发展达到顶峰，常用于描绘宗教故事、史诗传说、皇家生活场景和浪漫爱情故事等。

细密画通常是在小幅纸张上创作的，要求艺术家具备极高的技巧和耐心。画面中通常包含精细绘制的人物、动物、植物和几何图案，以及对自然景观和建筑的详尽描绘。细密画的色彩通常鲜艳且具有象征意义，还会使用黄金和其他贵金属进行点缀以增加豪华感。

波斯细密画不仅是视觉艺术的展现，也是波斯文化和生存哲学的体现，被视为一种高级的艺术形式。

随着时间的推移，波斯细密画对其他地区的艺术也产生了深远影响，在国际艺术领域占有一席之地。

《花园里的娱乐》 阿米尔·库斯劳·迪赫拉维

《周四在檀香宫的巴拉姆·古尔》 谢赫扎德

《跳舞的苦行僧》 比赫扎德

行星与大陆的寓言

辉煌璀璨的天空之行

创作者： 乔万尼·巴蒂斯塔·提埃波罗
创作年代： 1752 年
类型： 布面油画
尺寸： 高 185.4 厘米；宽 139.4 厘米
来源地： 意大利

《行星与大陆的寓言》是乔万尼·巴蒂斯塔·提埃波罗创作的布面油画，描绘了太阳神阿波罗和象征行星的众神，以及象征各大陆的寓言人物。此作品是提埃波罗最大规模且光彩夺目的油画草图，后来成为维尔茨主教官邸天顶画的基础，展现了艺术家卓越的艺术成就。

壁画描绘了太阳神阿波罗准备开始天空之旅的场景。阿波罗周围的神灵代表不同的行星，而四个角落的寓意人物象征着当时已知的地球四大洲。画面中央，阿波罗携带金色四轮马车，由霍拉驾驭，准备引导四匹马。火星和金星位于阿波罗下方，而后是三个命运女神和复仇女神。水星在天空中飞行，月亮女神黛安娜等神明伴随着他。位于四方飞檐的人物代表四大洲，欧洲象征着成熟与艺术，非洲与骆驼相伴，美洲以黑皮肤女性和鳄鱼呈现，亚洲则由骑大象的形象代表，展现出丰富的文化和地理特征，同时也反映了提埃波罗对宇宙和人类文明的理解和想象。

云端的马尔斯与维纳斯

象征欧罗巴的女性与白牛

画面中，倚在云朵上的是战神马尔斯与爱神维纳斯。马尔斯原本性格残忍，但百炼钢成绕指柔，当马尔斯与维纳斯联袂出现时，常象征着爱的力量能够战胜一切纷争。而在他们下方，靠坐在白牛身边的女性则象征着欧罗巴洲。在神话中，欧罗巴是一位公主，爱慕她的宙斯化为一只白牛去接近她，并将她带到了一片新的大陆，也就是现在以她的名字所命名的欧洲。

《圣塞克拉为瘟疫患者祈祷》

小提示

乔万尼·巴蒂斯塔·提埃波罗是意大利18世纪最著名的画家之一，以充满活力的壁画和油画而闻名。他的作品以明亮的色彩和光影处理著称，代表作包括维尔茨堡王宫的《行星与大陆的寓言》天花板壁画，以及威尼斯多家教堂和宫殿的壁画。

MISCELLANECUS/ 杂 器 VTENSILS

独角兽挂毯

中世纪最繁丽的艺术织品

创作年代： 1495 年 —1505 年
类型： 织品
尺寸： 长 368 厘米；宽 251.5 厘米
来源地： 法国

作品通过对独角兽的象征性描绘展现了中世纪人们对生育与婚姻的文化性理解。虽然独角兽被围栏和链条所困，但它并未真正被囚禁，可以轻松跨越的不高的围栏，能轻松挣脱的链条都反映出其自由与幸福的状态。

文物放大镜

独角兽挂毯是现存中世纪晚期最美丽、最复杂的编织艺术作品之一。这些挂毯采用细羊毛和丝绸为主料，中间夹杂银线和镀金线编织而成，制作精良，图案生动精美而整体奢华。

画面中的独角兽虽然看上去被锁链所禁锢，但实际上，拴住它的枷锁并不牢固，如果独角兽愿意，它随时可以离开——这是象征着爱与忠贞的“爱情链”。在中世纪欧洲诗歌中，将独角兽拴在树上的爱情链是常常被描写的主题。

画面中独角兽身上的红色液体并不是受伤的痕迹，而是树上石榴滴落的汁液——石榴在中世纪象征着婚姻和生育，这与独角兽身上的爱情链相契合。

挂毯上编织着许多种花卉，其中布杜鹃代表着无忧与快乐，雏菊象征爱情的不确定性，百合象征着纯洁和爱情的甜蜜，而在花丛中，还隐藏着一只小青蛙，它象征着繁殖和生命的活力。

《独角兽跃流》 独角兽挂毯之一

小提示

大都会艺术博物馆馆藏的七幅独角兽挂毯是中世纪艺术的杰作，不仅编织技艺精美绝伦，更通过画面展示出独角兽的多种象征含义——在中世纪，独角兽被视为纯洁、贞操的象征，是十分受创作者欢迎的题材。

这七幅挂毯都融入了大量细节背景和象征性元素，如植物、动物和图案的选择和呈现，展现了当时手工艺和艺术的高超水平，不仅给观者带来视觉上的享受，也引导观赏者对中世纪文化和象征主义进行了深刻探索。

水壶

熠熠星光的凝聚

水壶由一块黄铜板经过精细的锤击工艺而成，形成了其特有的像长笛一样的凸面结构，肩部平坦、足部向外弯曲，整体构造巧妙而复杂。水壶的所有装饰部件均是单独锻造后精确焊接到主体上，这种技术的应用彰显了当时金属工艺在美观性与实用性双重需求的追求。

水壶上的十二星座从右到左排列，以在手柄的左边排白羊座开始依次一一呈现。当时的人们相信用行星和黄道十二宫的拟人化形象作为装饰元素，有护身符的意味——它们能够产生影响行星和行星的神秘力量，从而保护水壶的主人平安康健，并为其带来好运。

创作年代： 1180 年 — 1210 年

类型： 黄铜制金属器

尺寸： 高 40 厘米；直径 19.1 厘米

来源地： 伊朗或阿富汗

这件水壶源自伊朗呼罗珊或阿富汗赫拉特地区，是当时金属制作工艺的杰出代表。文物表面装饰着黄道十二宫拟人化标志和各种动植物图案，不仅在技术上展现了复杂的制作工艺，而且融合了占星学和宇宙学的象征意义，是中世纪伊斯兰艺术中的重要作品。

俯视视角下的水壶

浮雕狮子

狮子座

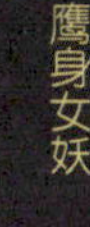

鹰身女妖

大都会艺术博物馆馆藏星盘

小提示

在中世纪伊斯兰艺术创作中，天文学的元素处处存在，因为当时测量和计算天体运动出现了新的方法，在天文学领域有了很多新发现。现存与天文、星相相关的文物与装饰，都反映了当时对星象学的深入研究和占星术的普及。

壶身上镶嵌有四足动物、老鹰、鱼和植物等图案，这些图案不仅增添了装饰纹的美感，也赋予了水壶多重的象征意义，如狮子象征力量，太阳代表光明与强度，鱼和水壶共同象征生命之源，而鹰身女妖、猫头鹰以及铭文，是好运和护身平安的祝福，壶体和瓶颈部上的瓦克瓦克树图案，则寓意着生长和繁荣。这些图案共同构成了一个复杂的象征体系，展示着当时的宗教信仰、文化传统和艺术审美。

罗斯柴尔德灯

文艺复兴时期青铜艺术的最高成就

灯盖上方与灯体两侧的活泼的小天使们表现了庆祝酒神节的场景，其中一些小天使正欢快地舞蹈，另一些则正准备处理山羊。

罗斯柴尔德灯由灯盖和灯体两个单独铸造的部件组成，灯体内部包含两个独立的灯芯室。分析得出灯体和灯盖的金属成分一致，整体结构完整，由此可以看出其制造者安德烈亚·布里奥斯科对青铜工艺的深刻理解和创新。

创作者： 安德烈亚 · 布里奥斯科

创作年代： 1510 年 — 1520 年

类型： 青铜雕塑

尺寸： 高 19.4 厘米；长 22.9 厘米

来源地： 意大利

罗斯柴尔德灯是大都会艺术博物馆藏品中最精美的装饰艺术品之一，由意大利文艺复兴时期著名青铜艺术家安德烈亚·布里奥斯科用失蜡法铸造，这件作品因其精细的工艺和独特的设计，被视为文艺复兴时期青铜艺术的典范，代表了当时青铜艺术的最高成就。

罗斯柴尔德灯的末端怪物

小提示

安德烈亚·布里奥斯科（1470年—1532年），别名里奇奥，是意大利文艺复兴时期杰出的雕塑家和青铜铸造师。最著名的作品包括圣安东尼奥大教堂的逾越烛台和罗斯柴尔德灯，他特别擅长将古典元素与创新设计融为一体，创作出具有深刻象征意义和精美工艺的青铜艺术品。

《萨特骑着山羊》

罗斯柴尔德灯的灯体呈大帆船的形态，两侧装饰有小天使跳舞欢庆节日的图案，灯盖的卷须形上翘末端有长满胡须的海妖怪物形象，旁边有双翅膀，形象融合了陆地和海洋的意象，图案设计精妙，制作技艺高超。

内部结构

文艺复兴时期的青铜雕塑标志着艺术和工艺的结合。这一时期，青铜主要通过失蜡法铸造，安德烈亚·布里奥斯科、洛伦佐·吉贝尔蒂等艺术家创作出了许多精美的作品，与此同时，佛罗伦萨成为青铜雕塑的中心，见证了青铜雕塑第一次真正的繁荣。

西特哈索尔羽内特公主的胸饰

古埃及首饰的上佳之作

中王国时期，皇室女性佩戴的珠宝不仅是衬托美丽的装饰品，也是皇室和神话的象征。古埃及人认为，珠宝会赋予皇室女性力量，从而使她能够支持国王，并使国王受到祝福与护佑。

创作年代：约公元前 1887 年 — 公元前 1878 年
类型：古埃及胸饰（珠宝）
尺寸：项链长 82 厘米；胸饰高 4.5 厘米；宽 8.2 厘米
来源地：埃及拉罕西特哈索尔羽内特墓

胸饰底部的长方形构件被视作一张芦苇垫子，这类垫子一般为古埃及地位尊贵的人垫坐，抑或是垫着献给神的用品。

这串辛努塞尔特二世时代制成的胸饰是中王国时期埃及工艺的巅峰之作，项链精妙地将372颗半宝石与金珐琅结合，并巧妙融合了象形文字与象征图案，展现了埃及皇室权力与王朝的繁荣。

胸饰中心的椭圆形，装饰有“森沃斯雷特二世”象形文字的王名牌，两侧尾巴缠绕着太阳的眼镜蛇则象征着守护国王的女神涅赫贝特和乌乔，而挂在眼镜蛇尾巴上的十字章是两个象形文字“安卡”，意为生命之环。

两只头顶太阳圆盘的猎鹰，是古埃及太阳神的象征，它们一只爪扣着一个意为“包围”的圆形象形文字，象征太阳神至高无上的力量和权力。

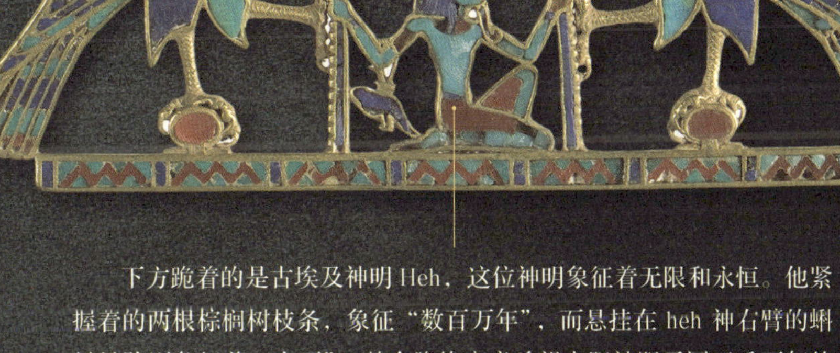

下方跪着的是古埃及神明Heh，这位神明象征着无限和永恒。他紧握着的两根棕榈树枝条，象征“数百万年”，而悬挂在heh神右臂的蝌蚪吊坠则象征着“十万”，整个胸饰寓意希望太阳神赐予国王千万年的寿命和统治权。

西特哈索尔羽内特公主的梳妆盒

珠宝箱上的女神哈索尔

小提示

在西特哈索尔羽内特公主墓中，出土了许多精美的珠宝与化妆品，其中有一件梳妆盒十分特别，箱侧金色的柱子是葬礼之神奥西里斯的象征，而盖顶其上雕刻着古埃及象征美丽与爱的女神哈索尔，与化妆盒的用途十分契合，庇佑公主永远光彩照人。

摇篮板

美洲原住民文化的宝贵遗产

创作年代： 约 1875 年

类型： 日用品

尺寸： 高 108 厘米；宽 32.7 厘米

来源地： 美国俄克拉何马州

摇篮板是美洲原住民文化中保护婴儿和携带婴儿的传统用品，其设计融合了基奥瓦文化等平原文化，还融入了精细的串珠装饰，不仅具有实用性，也体现了深厚的艺术文化积淀。摇篮板的设计既保护婴儿，也便于母亲携带，且经常代代相传，成为原住民家族的宝贵遗产与独特标志。

摇篮板下通常有外接的木制背板，作为固定摇篮的支架和方便家长携带的部件，是摇篮真正的价值所在，可以保护婴儿的脊椎。木质背板使摇篮板既可以充当床又能够充当背带，母亲和其他家庭成员可以将摇篮绑在背上，在看护小孩时完成日常家务。

美洲原住民在生活中善于运用红、黄、蓝、绿等不同的颜色组合，创造出丰富多样的图案，在绘画或饰品上都有不同凡响的艺术表达。此外，他们也很注重细节的表现，无论是描绘的精细度还是层次感，都追求更完美的表现，这使得他们的作品具有独特的艺术性和观赏性。

小提示

美洲原住民

美洲原住民串珠包

美洲原住民的珠饰艺术历史悠久，特色鲜明，采用人、动物等自然图案和鲜艳配色，表达对大自然的敬畏。虽然使用的珠子来自工业社会，但原住民通过独特的制作工艺将它们融入了自己的传统文化，创造出具有地域特色的珠饰作品。

如平原部落的舞会服饰、易洛魁族的串珠技法等，都体现了珠饰在原住民生活中的重要地位和艺术价值。

亨利二世的盔甲

现存最精致的法国游行盔甲之一

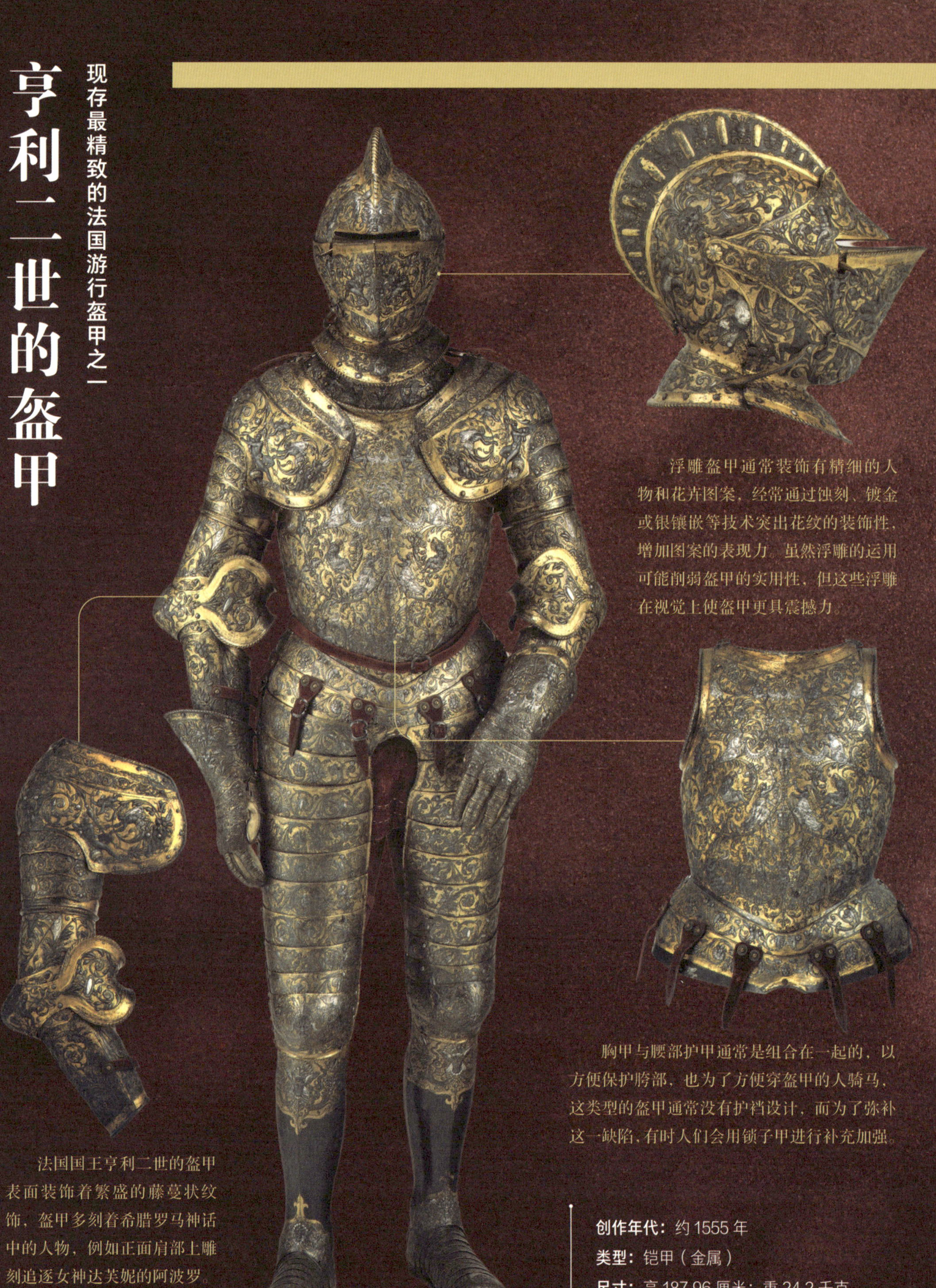

浮雕盔甲通常装饰有精细的人物和花卉图案，经常通过蚀刻、镀金或银镶嵌等技术突出花纹的装饰性，增加图案的表现力。虽然浮雕的运用可能削弱盔甲的实用性，但这些浮雕在视觉上使盔甲更具震撼力。

胸甲与腰部护甲通常是组合在一起的，以方便保护胯部，也为了方便穿盔甲的人骑马，这类型的盔甲通常没有护裆设计，而为了弥补这一缺陷，有时人们会用锁子甲进行补充加强。

法国国王亨利二世的盔甲表面装饰着繁盛的藤蔓状纹饰，盔甲多刻着希腊罗马神话中的人物，例如正面肩部上雕刻追逐女神达芙妮的阿波罗。亨利二世的徽章新月，也在盔甲中多次出现。

创作年代： 约 1555 年

类型： 铠甲（金属）

尺寸： 高 187.96 厘米；重 24.2 千克

来源地： 法国

亨利二世的盔甲是16世纪法国最精致、最完整的游行盔甲之一，是当时盔甲装饰艺术的巅峰之作。盔甲由当时巴黎杰出的艺术家让·库桑等人设计，融合了亨利二世钟爱的图案，同时借鉴了意大利文艺复兴后期和风格主义的装饰手法，使得游行盔甲作为高级巡游礼服越来越华丽，成为一件设计个性化、极高艺术性的作品。

从15世纪到16世纪，欧洲的盔甲设计经历了显著的演变，逐渐变得更加奢华和精致。

最初，盔甲主要在战场上使用，但随着时间的推移，盔甲开始成为绅士日常服装中的一部分，不仅具有防护功能，还兼有展示身份和品位的作用。

16世纪初，盔甲上的蚀刻装饰变得越来越流行，这种装饰风格受到欧洲各国和地区时尚及品位的影响。这类盔甲为欧洲贵族制作，是一种高级礼服。

《亨利二世》 卢浮宫博物馆藏

小提示

法国国王亨利二世（Henry II），1547年至1559年在位，是法兰西瓦卢瓦王朝的一位君主。他以积极打压新教徒著称。亨利二世继承了父亲对艺术的热爱，是义艺复兴运动的支持者。在亨利二世统治时期，法国发起持续多年的对意大利的战争，与神圣罗马帝国进行了长期的对抗，而他统治时期瓦卢瓦王朝开始衰落。

亨利二世的盔甲至今存有二十件相关设计图，其中之一出自让·库桑之手。大都会艺术博物馆中，藏有游行盔甲右肩甲的设计图，该设计手稿是盔甲肩甲上主板位置花纹草图，图案精美，极具艺术性。

游行铠甲右肩甲的设计稿

明轩

中式园林艺术外贸的先河

创作年代： 1980 年

类型： 中式园林建筑

尺寸： 长 30 米；宽 13.5 米

来源地： 中国

明轩建在大都会艺术博物馆二楼的玻璃天棚下，庭院占地460平方米，建筑面积230平方米，四周围墙是高达7米的风火山墙，内有楠木轩房、碧泉半亭和花界小景等，体现了中国古典园林的精髓。

网师园殿春簃

建筑蓝本

明轩的建筑蓝本，是苏州网师园内的“殿春簃”。殿春簃占地虽不足一亩，但布局紧凑，疏朗相宜，有书房、假山、花坛、清泉、半亭等，可谓麻雀虽小，五脏俱全。

明轩是以苏州网师园“殿春簃”为模板，在大都会艺术博物馆建造的中国庭院，庭院空间设计精妙，融合了明代山水画的特色，不仅是首次出口的中国园林艺术，也是中美文化交流的永恒展品。

内中陈设

大都会艺术博物馆修建明轩的初衷，是为了在最合适的地方展览收藏的明代家具。明代家具以造型简洁大方、结构严谨、装饰适度、纹理优美著称，不仅使用科学的榫卯结构，且体现简洁、典雅的美学理念，是科学与艺术完美结合的体现。

明代家具　大都会艺术博物馆藏

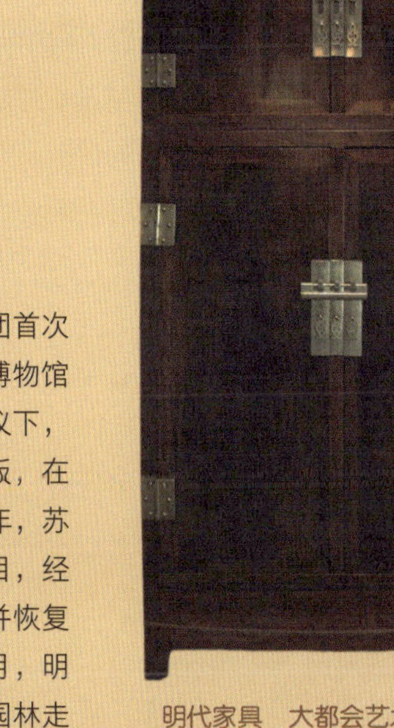

明代家具　大都会艺术博物馆藏

建造历程

1978年，美国博物馆代表团首次访华，美籍华人、大都会艺术博物馆特别顾问方闻教授在陈从周建议下，选择苏州网师园殿春簃作为模板，在美国修建中国明式庭院。1979年，苏州古典园林建筑公司承接该项目，经相关部门特批使用四川楠木，并恢复苏州御窑烧制砖瓦。1980年3月，明轩在纽约落成，成为中国古典园林走向世界的标志性项目。

网师园中的廊亭轩楼

文物小知识

明轩之美：中国古典园林的营建美学

明轩以其典雅隐逸、精巧明快而深受各界赞誉，而其建筑蓝本殿春簃所在的网师园，更是苏州古典园林的代表之作。古典园林的选址至装饰，处处都有章法，正是中国古典园林营建美学的内涵，才支撑起了明轩的美丽与风骨。

海棠式窗

太湖石　大都会艺术博物馆藏

相地

古典园林的建造，首先需要进行选址，是为“相地”。优秀的园林设计师在选址时会遵循自然地形，依此布局创造山水趣味。营造园林的地方，据《园冶》所说，依据本身地形的不同，营造园林的用地划分为：山林地，闹中取静的城市地，田园风光的村庄地，深受明代士人喜爱的郊野地，行乐消闲的傍宅地，以水为核心的江湖地。

屋宇

古典园林的建筑要求因地制宜，既要追求风格独特，又要保持简洁高雅。设计中要巧妙利用空间，以不同的建筑来拓展视觉与层次感。建筑屋宇根据造型的不同，可以分为亭、台、楼、阁、廊、轩等，旨在创造出既有古典美又充满变化趣味的园林空间。

选石

古典园林的石材选择强调对石头来源和特性的深入理解。优选的石材应无裂纹、结构坚硬且具有自然美感。太湖石便是园林造景最为常见的石材，在大都会艺术博物馆中，也存有太湖石的藏品。

门与窗

古典园林的圈门与花墙洞基本采用简洁而精致的镂空装饰，使观者能够见到外部的山水美景，增加园林的雅致格调，使空间有透视效果和加强通透感。

六方式窗

汉瓶式门洞

借景

借景是古典园林设计中常用的构景手段之一，意在通过将外部景观引入园林观赏视线，扩展视觉空间，丰富园林的景观效果，主要分为近借、远借、邻借、互借、仰借、俯借和应时借7种类型。借景时，园林景物需与周遭的意境相合，考虑到四季的变化，并根据园林的实际条件和周围环境对景物进行优化，以达到最佳的借景效果。

网师园邻借玉兰

艺圃近借池水

拙政园远借北寺塔

留园应时借雪

宫廷服

18世纪的时尚代表

衣服上包含银色丝线的刺绣装饰，花纹设计多变，绣有精细繁复的植物、动物或抽象图案，迎合当时流行的洛可可风格。

塔夫绸是一种轻薄、光滑且有光泽的织物，通常由丝制成，是展现精致刺绣和华丽装饰的理想选择，在18世纪被广泛用于礼服制作中。

创作年代：1750 年
类型：丝织品
来源地：英国

这件宫廷服裙摆有55英寸宽，裙摆锦缎上用银丝线绣制的纹饰和银边饰，体现了极致的奢华与工艺，以及当时对极端比例和形状的追求，是英式宫廷曼图亚礼服的极致代表。

这件18世纪英国宫廷服以其极端的比例和精致的工艺著称，是曼图亚礼服的典范，其设计极具创新性，是当时高级服装艺术的一个重要代表，同时反映了18世纪欧洲，尤其是英国宫廷中的服装趋势和审美标准。

18世纪最出色的礼服都有极端的比例。

裙子像夹板一样在身体两侧展开，这种设计使裙摆在侧面看起来与身体几乎一样宽，但在正面和背面则显得异常宽阔，创造出一种独特且夸张的视觉效果。这种设计同时使服装上的装饰和布料本身能够最大程度地得到展示，大大增强了服装的华丽感，因此受到当时皇室贵族的欢迎与追捧。

裙撑　大都会艺术博物馆藏

想要让裙子呈现出夸张的弧度，需要依靠裙撑来实现。18世纪的裙撑主要由柳条和鲸骨制成，并被缝入亚麻布中，突出轮廓效果。由于裙摆太宽，穿着这种裙子的女士必须侧身通过门口。

紧身胸衣　大都会艺术博物馆藏

为了突出身体曲线，女士们在礼服内会穿一件紧身胸衣，这种胸衣通常由鲸骨制成，强调窄腰的轮廓，与宽大的礼服裙摆形成对比。

小提示

曼图亚礼服起源于17世纪末，最初为非正式半身裙，后来成为英国宫廷服装的主要流行款式。这种服装的结构类似外套，强调垂褶而非剪裁，适合展现昂贵丝绸本身的美感。早期的曼图亚裙摆有长长的拖尾，但随着时间演变，裙摆的拖尾消失，变成了宽大的罩裙式样。

曼图亚礼服　大都会艺术博物馆藏

MARBLE SARCOPHAGUS
DIONYSOS ON A PANTHER WITH HIS ATTENDANTS
THE FOUR SEASONS AS WINGED YOUTHS

美国其他博物馆名录（节选）

美国国家博物馆

弗里尔美术馆

阿瑟·M·萨克勒美术馆

国立美国历史博物馆

国立美国艺术博物馆

国立肖像馆

国家航空和航天博物馆

伦威克美术馆

国立非洲艺术博物馆

阿纳卡斯蒂亚地区博物馆

国立美国原住民博物馆

美国艺术博物馆

国立美国邮政博物馆

库珀—休伊特博物馆

古根海姆现代艺术博物馆

芝加哥艺术博物馆

惠特尼美国艺术博物馆

盖蒂中心

水壶

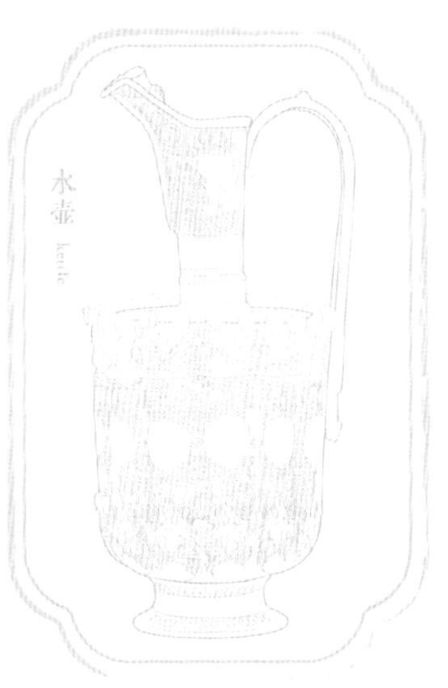

图书在版编目（CIP）数据

世界博物馆全书. 第一辑. 大都会艺术博物馆 / 红糖美学著. -- 武汉：华中科技大学出版社，2024. 11.（世界瑰宝系列）. -- ISBN 978-7-5772-1165-7

Ⅰ. G269.1

中国国家版本馆CIP数据核字第2024RN1342号

世界博物馆全书. 第一辑 大都会艺术博物馆

Shijie Bowuguan Quanshu Di-yi Ji Dadudui Yishu Bowuguan

红糖美学 著

出版发行：华中科技大学出版社（中国·武汉）
华中科技大学出版社有限责任公司艺术分公司

电话：（027）81321913
（010）67326910-6023

出 版 人：阮海洪

责任编辑：张 颖 刘昊威 杨志新

封面设计：JOJO

责任监印：赵 月 张 丽

制　　作：王玉平
印　　刷：北京兰星球彩色印刷有限公司
开　　本：889mm × 1194mm 1/16
印　　张：60
字　　数：550千字
版　　次：2024年11月第1版第1次印刷
定　　价：998.00元（全10册）

本书若有印装质量问题，请向出版社营销中心调换
全国免费服务热线：400-6679-118 竭诚为您服务